Brigitte

# BISTRO

# Brigitte
# BISTRO

**200 raffinierte Rezepte für die schnelle Küche**

**Von Inge Schiermann**

Brigitte Edition
NAUMANN & GÖBEL

Inge Schiermann
war nach ihrer Ausbildung zur Hauswirtschaftsleiterin u. a. bei BRIGITTE als Redakteurin tätig. Heute arbeitet sie als freie Food-Journalistin. Von ihr stammen auch die BRIGITTE-Bücher „Kochen für Gäste“ und „Kochen für Zwei“. Inge Schiermann betreibt auch ein Bistro im Hamburger Hafen.

Fotos: Jens Schiermann

Herausgeberin: Anne Volk
Lektorat: Marita Heinz
Gestaltung und DTP: Büro für Gestaltung,
Dietmar Meyer, Friedhelm Ott, Britta Gündisch
Produktion: Bernd Bartmann, Druckzentrale G + J
Lithographie: Weissenberger & Co, Hamburg
Umschlaggestaltung: WirtzCologne
Gesamtherstellung: Naumann & Göbel Verlags-
gesellschaft mbH, Köln
Brigitte Edition in der Naumann & Göbel Verlags-
gesellschaft mbH, Köln

ISBN 3-625-10234-X

# Inhalt

# Kochen wie im Bistro

Noch vor wenigen Jahren waren Bistros nur Paris-Besuchern ein Begriff. Inzwischen sind sie Bestandteil unseres Alltags. Wer schnell etwas Leichtes und Gutes essen möchte, geht ins Bistro – mittags zum Büro-Lunch, abends zum kleinen, nicht belastenden Abendessen und auch jederzeit zwischendurch. Kochen wie im Bistro ist aber auch für zu Hause attraktiv:

- für Berufstätige, in deren Alltag sich lange Zubereitungszeiten kaum unterbringen lassen;
- für Singles, die gern etwas Leckeres essen, aber nicht aufwendig kochen wollen;
- für Teenies, die sich und ihre Freunde schnell selbst versorgen möchten,
- und überhaupt für alle, die spontan Gäste bewirten wollen.

Das Wort Bistro soll übrigens aus dem Russischen stammen und soviel bedeuten wie „schnell“: Für die Soldaten Zar Alexanders, die 1815 Paris besetzten, war Alkohol tabu. Einige von ihnen setzten sich offenbar darüber hinweg und stürmten in ein Lokal mit dem Ruf „Bystro! Bystro!“ Aber der Charme der Bistro-Küche liegt nicht nur in ihrer Schnelligkeit. Im Bistro muß es vor allem gut schmecken! Jedes der mehr als 200 Rezepte dieses Buches hat seinen eigenen „Pfiff“. Trotzdem sind die kleinen Gerichte einfach in der Zubereitung und stellen keine großen Ansprüche an Ihre Kochkunst. Manche der warmen Mahlzeiten haben eine etwas längere Garzeit, aber Arbeit machen sie trotzdem kaum. Damit Sie genau wissen, was auf Sie zukommt, wird bei diesen Rezepten beides angegeben – Garzeit und Zubereitungszeit.

Zusätzlich zu einem alphabethischen Rezeptregister finden Sie am Ende dieses Buches auch ein Register, mit dem Sie auf einen Blick sehen können, was Sie wie schnell auf den Tisch bringen können. Entscheiden Sie à la carte, wieviel Zeit Sie in der Küche zubringen wollen! Gerichte ohne Fleisch sind übrigens überall mit v gekennzeichnet. Wir wünschen Ihnen viel Spaß beim Kochen wie im Bistro!

# Das brauchen Sie

**Pfannen, Töpfe und feuerfeste Formen**

Zum Anbraten und Schmoren brauchen Sie eine große Pfanne mit Deckel von ca. 30 cm Durchmesser – am besten eine schwere beschichtete Pfanne. Diese Pfannen sind teuer, dafür langlebig und nahezu unverwüstlich. Wichtig: Zum Dünsten und Schmoren sollte der Deckel gut schließen. Weiterhin sollten Sie eine mittelgroße (ebenfalls beschichtete) Pfanne zum Braten von Pfannkuchen, Omeletts und Steaks besitzen. Eine Grillpfanne zum Braten von Fleisch à la minute vervollständigt die Pfannenparade. Gute Töpfe besitzen einen schweren, absolut ebenen Boden. Zwei bis drei Töpfe unterschiedlichen Durchmessers entsprechend der Größe Ihrer Kochstellen reichen aus. Außerdem benötigen Sie für Quiches und zum Überbacken von Gratins usw. eine große und zwei kleine feuerfeste Formen, in denen Sie auch servieren können.

**Portionen**

Alle Rezepte dieses Buches sind, wenn nicht ausdrücklich anders angegeben, für zwei Personen berechnet und können beliebig vervielfältigt werden.

**Küchenmesser**

Stabil, schwer und scharf muß ein Küchenmesser sein. Bei genieteten Griffen sollten Klinge und Heft aus einem Stück bestehen. Die wichtigsten Messer: Ein kleines „Kartoffelschälmesser“ mit gebogener Klinge, ein kleines Arbeitsmesser zum Gemüseputzen und ein großes Messer mit breiter Klinge zum Schneiden von Fleisch, Hacken von Kräutern usw. Weiterhin: ein Brotmesser und ein Wetzstahl zum Schärfen.

**Elektrische Kleingeräte**

Sie brauchen sich für Ihre Küche keinen „Fuhrpark“ zuzulegen, wirklich wichtig sind nur zwei Geräte:

- das klassische elektrische Handrührgerät mit Quirlen, Knethaken und Schneidstab,
- der elektrische Zerkleinerer („Blitzhacker“) zum schnellen Hacken von Kräutern, Nüssen usw.

**Und außerdem**

- einen Sparschäler. Damit können Sie sogar Zitronen, Fenchel und Paprikaschoten gleichmäßig dünn schälen;
- und einen kleinen, transportablen Küchenwecker zum Einstellen der Garzeiten.

Nizzasalat:
Rezept siehe
Seite 13.

# Salate & kleine Snacks

## AVOCADO-LINSEN-SALAT

v

■ 75 g kleine grüne Linsen ■ 1/8 l Gemüsebrühe (Instant) ■ 100 g Rukola oder Löwenzahnsalat ■ 1 Apfel ■ 1 kleine rote Paprikaschote ■ 1 Avocado ■ 5 Eßl. Salatdressing (Rezept siehe Kasten) ■ Kräutersalz ■ frisch gemahlener Pfeffer.

**1** Die Linsen mit der Brühe einmal aufkochen und dann bei kleinster Stufe etwa 20 Minuten garziehen lassen.

**2** Salat waschen, trockenschleudern und zerkleinern. Den Apfel würfeln, die Paprikaschote mit einem Sparschäler dünn schälen und das Fruchtfleisch ebenfalls würfeln. Gegarte Linsen, Apfel, Paprika und Salat mit dem Dressing vermischen und auf zwei Teller geben.

**3** Avocado schälen, entkernen und in Spalten schneiden. Auf dem Salat anrichten. Mit Kräutersalz und Pfeffer würzen.

45 Minuten

### Einfaches Salatdressing für den Vorrat

1/2 Tasse Weißweinessig, 2 Teel. Senf, 1/2 Teel. Zucker, 1/2 Teel. Pfeffer, 1 1/2 Tassen Sonnenblumenöl. Alle Zutaten mit dem Mixer oder Handrührgerät verschlagen und in einem Glas mit Schraubdeckel oder in einer fest verschließbaren Flasche aufbewahren. Diese Grund-Vinaigrette nach Belieben mit Kräutern, gepreßtem Knoblauch oder Schalotten anreichern.

## WARMER GEMÜSESALAT MIT FETA

v

■ 2 große Kartoffeln (etwa 400 g) ■ 3 Eßl. Olivenöl ■ 50 g Kürbiskerne ■ je 1 rote und gelbe Paprikaschote ■ 1 kleine Salatgurke (oder 1/4 von einer großen Gurke) ■ 4 Eßl. Salatdressing (Rezept siehe Kasten) ■ 100 g Fetakäse ■ Basilikum.

**1** Kartoffeln schälen und in einen Zentimeter große Würfel schneiden. Olivenöl in einer beschichteten Pfanne erhitzen. Die Kartoffeln hineingeben und unter gelegentlichem Wenden in etwa zehn Minuten goldbraun rösten. Nach fünf Minuten die Kürbiskerne dazugeben und mitrösten.

**2** Inzwischen die Paprikaschoten mit dem Sparschäler schälen und in kleine Würfel schneiden. Die Gurke ebenfalls schälen und fein würfeln. Beides mit den heißen Kartoffeln und dem Dressing vermischen.

**3** Den Salat auf Teller verteilen, den Fetakäse darüberbröckeln. Mit Basilikumblättern garnieren.

25 Minuten

**Abwandlung:** Besonders interessant wird der Salat, wenn eine der Kartoffeln durch eine Süßkartoffel ersetzt wird.

## SELLERIESALAT MIT GERÄUCHERTER PUTENBRUST

■ Etwa 300 g Sellerieknolle ■ 1 großer Apfel (z. B. Elstar) ■ 3 Eßl. Zitronensaft ■ 50 g Walnußkerne ■ 150 g geräuchertes Putenbrustfleisch ■ 2 Eßl. Salatmayonnaise ■ 1 Becher saure Sahne ■ 1 Eßl. Weinessig ■ Salz ■ frisch gemahlener Pfeffer ■ grüner Salat zum Garnieren.

**1** Sellerie schälen und auf der Gemüsereibe grob reiben. Den Apfel schälen und ebenfalls reiben, sofort mit dem Zitronensaft vermischen. Walnüsse ohne Fett in einer Pfanne rösten, bis sie „duften". Putenfleisch in feine Streifen schneiden.

**2** Walnüsse grob zerschneiden. Mayonnaise, saure Sahne, Weinessig, Salz und Pfeffer verrühren. Beides mit Apfel und Sellerie vermischen. Auf Salatblättern anrichten, die Walnüsse darüberstreuen und Putenfleisch drumherum verteilen.

20 Minuten

**Dazu:** Kerniges Vollkornbrot.

**Abwandlung:** Statt des Apfels Orangenfilets, Ananasstückchen oder Birne nehmen, statt Walnüssen Sonnenblumenkerne.

## FENCHELSALAT

v

■ 1 mittelgroße Fenchelknolle ■ 1/2 Bund Radieschen ■ 2 Orangen ■ 50 g schwarze entsteinte Oliven ■ 1 kleine rote Zwiebel ■ 4 Eßl. Olivenöl ■ 2 Eßl. Weinessig ■ 1 – 2 Teel. Pernod (evtl. weglassen) ■ Salz ■ Cayennepfeffer.

**1** Fenchelknolle putzen und rundherum mit einem Sparschäler dünn schälen. Fenchel in feine Ringe schneiden, dabei den harten Strunk entfernen. Radieschen in Scheiben schneiden, Oliven halbieren. Orangen schälen und das Fruchtfleisch zwischen den Trennwänden herausschneiden. Die rote Zwiebel fein hacken.

**2** Alle Salatzutaten dekorativ auf einer Platte anrichten. Olivenöl, Weinessig, Pernod, Salz und Cayennepfeffer im Schraubdeckelglas kräftig durchschütteln und über den Salat träufeln.

15 Minuten

**Fenchel**

Die hellgrünen Knollen wiegen zwischen 250 und 400 g. Die kleineren sind zart und ohne Fäden, während die größeren sorgfältig entfädelt werden müssen. Das geht sehr gut mit einem Sparschäler. Der nach Anis duftende Fenchel schmeckt sehr gut roh, wenn er in feine, hauchdünne Streifen geschnitten wird. Aber er kann auch geviertelt, in Salzwasser gegart und mit einer Vinaigrette angemacht werden.

## FILETSTREIFEN IM BLATTSALAT

■ 1 grüner Salat (z. B. Batavia oder Eichblattsalat) ■ 1 Chicorée ■ 1/2 Schalotte ■ 1 kleine Knoblauchzehe ■ 2 Eßl. Rotweinessig ■ Salz ■ frisch gemahlener Pfeffer ■ 1/2 Teel. Senf ■ 4 Eßl. Öl ■ 150 g Schweinefilet ■ 150 g Rinderfilet ■ 1 Eßl. Butterschmalz ■ 2 Eßl. Balsamico-Essig ■ 2 Eßl. Portwein oder Orangensaft.

1 Salat waschen, trockenschleudern und fein zerzupfen. Chicorée in Ringe schneiden. Schalotte und Knoblauch durch die Knoblauchpresse direkt in eine Salatschüssel pressen, mit Rotweinessig, Salz, Pfeffer, Senf und Öl verrühren.

2 Filet in dünne Scheibchen schneiden und mit dem Messer flach auseinanderstreichen, leicht pfeffern und mit Mehl bestäuben. Salat und Chicorée in der Vinaigrette wenden und auf Tellern anrichten.

3 Butterschmalz in einer beschichteten Pfanne erhitzen und die Fleischscheibchen von jeder Seite knapp eine halbe Minute scharf anbraten. Herausnehmen, leicht salzen und auf den Salat legen. Balsamico-Essig und Portwein sofort in die Pfanne geben, unter Schwenken aufkochen und über Fleisch und Salat träufeln.

20 Minuten

**Dazu:** Baguette.

## SPARGELSALAT MIT LACHS

■ Je 250 g grüner und weißer Spargel ■ Salz ■ 150 g braune Champignons ■ 3 Eßl. Zitronensaft ■ 1 Teel. Dijonsenf ■ 2 Eßl. Balsamico-Essig ■ frisch gemahlener Pfeffer ■ 1/2 Teel. Zucker ■ 1 kleine Schalotte ■ 5 Eßl. Olivenöl ■ 150 g geräucherter Lachs ■ Basilikum ■ 2 Teel. rote Pfefferkörner.

1 Den Spargel schälen und in Stücke schneiden. In wenig leicht gesalzenem Wasser garkochen. Champignons mit einem Pinsel putzen und in dünne Scheiben schneiden.

2 Zitronensaft, Senf, Essig, Pfeffer, Zukker und durchgepreßte Schalotte verrühren. Olivenöl darunterschlagen. Lachs in breite Streifen schneiden.

3 Den noch warmen Spargel zur Vinaigrette in die Schüssel geben und vorsichtig durchheben. Auf Teller füllen, Champignons und Lachs darauf anrichten. Basilikumblätter in Streifen schneiden und mit den roten Pfefferkörnern darübergeben.

25 Minuten

**Dazu:** Aufgebackenes Brot.

## NIZZASALAT

Foto siehe Seite 8

■ 150 g frische grüne Bohnen ■ Salz ■ 2 Eier ■ 2 Tomaten ■ 1 kleine gelbe Paprikaschote ■ 1 Frühlingszwiebel ■ 1 Römersalat ■ 6 – 8 Sardellenfilets ■ 10 kleine schwarze Oliven ■ 10 Basilikumblätter ■ frisch gemahlener Pfeffer ■ 1 kleine Knoblauchzehe ■ 4 Eßl. Olivenöl ■ 1/2 Teel. Senf ■ 2 Eßl. Weinessig.

**1** Bohnen putzen und in leicht gesalzenem Wasser in etwa 15 Minuten garkochen. Die Eier hartkochen. Die Bohnen abgießen, in Eiswasser abschrecken und schräg in lange dünne Streifen schneiden.

**2** Tomaten überbrühen, abziehen und vierteln. Paprikaschote putzen und in sehr dünne Streifen, die Frühlingszwiebel in sehr feine Ringe schneiden. Salat putzen, waschen, trockenschleudern und zerkleinern. Alle Gemüsezutaten auf zwei Teller verteilen.

**3** Die Eier pellen und vierteln. Sardellen abspülen und halbieren. Eiviertel, Sardellenfilets, Oliven und Basilikumblätter auf dem Salat anrichten. Knoblauch durch die Presse drücken, mit Öl, Pfeffer, Senf und Weinessig verrühren und über den Salat träufeln.

*30 Minuten*

**Dazu:** Baguette.

**Abwandlung:** Wer's üppiger möchte, reichert den Salat zusätzlich noch mit einer Dose Thunfisch (in Öl) an.

## SENFEIER UND KRABBEN IM SALAT

■ 1 Eßl. süßer und 1 Teel. scharfer Senf ■ Saft von 1/2 Saftorange ■ Salz ■ frisch gemahlener Pfeffer ■ 5 Eßl. Sahne ■ 1 Kopfsalat ■ 1 Bund Borretsch (oder Rukola) ■ 1 kleine rote Paprikaschote ■ 4 hartgekochte Eier ■ 200 g Krabbenfleisch ■ 1 Tablett Kresse.

**1** Beide Senfsorten mit dem Orangensaft, Salz, Pfeffer und Sahne verrühren. Salat und Borretschblätter waschen, trockenschleudern und in Streifen schneiden. Paprika mit einem Sparschäler schälen und in feine Würfel schneiden. Eier pellen und halbieren.

**2** Salat und Borretsch auf Teller geben, Eihälften und Krabben darauf anrichten. Die Senfsoße darübergießen. Mit Paprikawürfeln bestreuen, die Kresse mit einer Schere darüberschneiden.

*20 Minuten*

**Tip:** Eier hartkochen: Eier anpieksen, in einen kleinen Topf legen, etwa einen Zentimeter hoch kaltes Wasser dazugießen. Zugedeckt zum Kochen bringen. Kocht das Wasser, die Herdplatte ausschalten. Zehn Minuten zugedeckt auf der Kochstelle stehen lassen – die Eier sind dann perfekt.

## TOMATENSALAT MIT FETA UND KÜRBISKERNEN

v

■ 4 Fleischtomaten ■ 1 Frühlingszwiebel ■ evtl. 2 Knoblauchzehen ■ etwa 10 schwarze Oliven ■ 1/2 Bund glatte Petersilie ■ 2 Eßl. Kapern ■ 150 g milder Fetakäse ■ 1 Eßl. Balsamico-Essig ■ 4 Eßl. Olivenöl ■ 2 Eßl. Kürbiskerne.

**1** Die Tomaten überbrühen, häuten und in Scheiben schneiden, auf Teller legen. Die Frühlingszwiebel, auch das knackige Grün, in feine Ringe schneiden, Knoblauchzehen hacken, Oliven entkernen und kleinschneiden. Petersilie und Kapern hacken. Alles vermischen und über die Tomatenscheiben verteilen.

**2** Den Feta in kleine Würfel schneiden und darüberstreuen. Essig und Olivenöl darüberträufeln. Kürbiskerne rösten und über den Salat streuen.

20 Minuten

**Dazu:** Aufgebackenes Fladenbrot.

**Tomaten**

schmecken vollreif geerntet am besten. Den Stielansatz sollte man immer herausschneiden. Wenn Sie nur eine Tomate für Soße oder Dressing brauchen: einfach auf einer groben Reibe abreiben, so daß die Haut zurückbleibt. Sie sparen damit das zeitaufwendige Überbrühen und Abziehen der Haut. Geschält und feingewürfelt gibt es Tomaten auch als Konserve. Sie sind sehr zu empfehlen und sparen eine Menge Zeit.

## BUNTER SALAT

v

■ 1 Staude Chicorée ■ 100 g Radicchio ■ 1 Fenchelknolle ■ 1 Tomate ■ 1 Möhre ■ 1/4 Eisbergsalat ■ 4 Eßl. Olivenöl ■ 1 Eßl. Kräuteressig ■ Salz ■ frisch gemahlener Pfeffer ■ 1 Knoblauchzehe ■ 1/2 Zwiebel.

**1** Salatzutaten putzen, waschen und abtropfen lassen. Chicorée in fingerlange Stücke, Fenchel in feine Streifen und Tomate in Spalten schneiden. Radicchio und Eisbergsalat in Stücke zupfen. Die Möhre raspeln. Alles auf zwei Tellern anrichten.

**2** Öl, Essig, Salz und Pfeffer verrühren, Knoblauch und Zwiebelstücke durch die Knoblauchpresse darüberpressen.

**3** Alle Zutaten sorgfältig verrühren und abschmecken. Unmittelbar vor dem Essen über den Salat verteilen.

10 Minuten

**Abwandlungen:** Geben Sie zum gemischten Salat außerdem eine Dose Thunfisch naturell (abgetropft) oder 150 g Schafkäse, in Würfel geschnitten, oder zwei hartgekochte Eier und 100 g Krabben.

**Bunter Salat**

## HÄHNCHENFILET UND MELONE IM SALATBETT

■ 2 Hähnchenfilets à 150 g ■ Cayennepfeffer ■ Kräutersalz ■ etwas Mehl ■ 1 Teel. Butterschmalz ■ 1 Bataviasalat ■ 2 Stangen vom Staudensellerie ■ 1/2 Tablett Kresse ■ 1/4 Wassermelone (etwa 500 g) ■ 1 Eßl. Zitronensaft ■ 1 Eßl. Balsamico-Essig ■ 2 Eßl. Sonnenblumenöl ■ frisch gemahlener Pfeffer ■ 4 hauchdünne Zitronenscheiben ■ evtl. Kräuterblüten aus dem Garten.

**1** Die Hähnchenfilets waschen, trockentupfen und mit Cayennepfeffer und Kräutersalz würzen. Leicht mit Mehl bestäuben. Butterschmalz in einer beschichteten Pfanne erhitzen und die Filets von jeder Seite etwa zwei Minuten kräftig anbraten. In der Pfanne abgedeckt beiseite stellen und nachgaren lassen.

**2** Den Salat waschen, trockenschleudern und zerkleinern. Selleriestangen eventuell mit einem Sparschäler schälen, in sehr feine Streifen schneiden und mit Kresse und Salat vermischen. Auf zwei Teller verteilen.

**3** Melonenfleisch entkernen und in nicht zu kleine Stücke schneiden. Das Fleisch aus der Pfanne nehmen, in Scheiben schneiden und zusammen mit den Melonenstücken auf dem Salat anrichten. Zitronensaft, Balsamico-Essig und Öl in die Pfanne geben, alles gut durchschwenken und über den Salat verteilen. Pfeffer darübermahlen. Mit den Zitronenscheiben und den Kräuterblüten garnieren.

30 Minuten

**Dazu:** Baguette.

**Kräuterblüten**

Die bunten Blüten von verschiedenen Kräutern dienen nicht nur als attraktive Tellerdekoration, sondern schmekken auch ausgezeichnet. So können Sie z. B. die leuchtend blauen Borretschblüten oder die orangefarbenen Blüten der Kapuzinerkresse ebenso mitessen wie Ringelblumenblüten. Sie schmecken oft sogar noch würziger als die Blätter.

## JAPANISCHER GEMÜSESALAT MIT TOFU

v

■ Abgeriebene Schale und Saft von 1/2 Zitrone ■ 1 Eßl. Sojasoße ■ 1/2 Teel. Senf ■ 1 Eßl. Reiswein oder Sherry ■ 2 Eßl. Maiskernöl ■ 1 Teel. Sesamöl ■ 200 g Tofu ■ 50 g Sojasprossen ■ 1 Möhre ■ 1 Zucchino ■ 1 kleine Gurke ■ 100 g Champignons ■ 4 äußere Blätter vom Eisbergsalat ■ 2 Eßl. Sesamsaat.

**1** Zitronenschale und -saft, Sojasoße, Senf, Reiswein und Öl verrühren und abschmecken. Tofu in Würfel schneiden und in dem Dressing marinieren.

**2** Das Gemüse putzen und waschen: Die Sprossen mit kaltem Wasser übersprudeln und abtropfen lassen. Möhren, Zucchini und Gurke in feine Stifte schneiden. Die Champignons in Scheiben schneiden.

**3** Das Gemüse vorsichtig mit Dressing und Tofu vermischen. In Eisbergsalatblätter (die Blätter, vorsichtig abgelöst, bilden eine Schale) füllen.

**4** Sesamsaat in einer Pfanne ohne Fett rösten und darüberstreuen. Eventuell mit Stäbchen essen.

20 Minuten

## LÖWENZAHNSALAT MIT SPECK UND KÄSE

■ 50 g magerer Speck ■ 100 g Weizen-Vollkornbrot ■ 250 g Löwenzahnsalat ■ 2 Eßl. Weißweinessig ■ etwas Salz, Pfeffer und Zucker ■ 1/2 Teel. Senf ■ 4 – 5 Eßl. Öl ■ 1 Knoblauchzehe ■ 3 Pellkartoffeln (oder gekochte Kartoffeln vom Vortag) ■ 100 g Beaufort-Käse (oder ein anderer Schnittkäse aus dem Vorrat).

**1** Den Speck sehr fein würfeln, das Brot ebenfalls in kleine Würfel schneiden. Salat putzen, waschen und trockenschleudern. In Stücke schneiden.

**2** Den Speck in einer Pfanne knusprig ausbraten, aus der Pfanne nehmen. Anschließend die Brotwürfel im Speckfett braun braten.

**3** Essig, Salz, Pfeffer, Zucker und Senf in einem Schraubdeckelglas schütteln, das Öl dazugeben. Eine Salatschüssel mit einer halbierten Knoblauchzehe ausreiben. Den Salat hineingeben, die Kartoffeln darüberschneiden. Mit dem Dressing gut durchmischen.

**4** Brot und Speck noch warm darüberstreuen, den Käse darüberhobeln. Sofort servieren.

20 Minuten

## AUSTERNPILZE IM SALAT

■ 150 g Feldsalat ■ 1 Eßl. Weinessig ■ 1 Prise Salz und Zucker ■ frisch gemahlener Pfeffer ■ 2 Eßl. Olivenöl ■ 75 g Bacon ■ 1 weiche Avocado ■ 200 g Austernpilze ■ 1 Eßl. Butterschmalz ■ Jodsalz.

**1** Den Feldsalat sorgfältig waschen und trockenschleudern. Weinessig, Salz, Zucker, Pfeffer und Öl zu einer Vinaigrette verschlagen.

**2** Den Bacon in schmale Streifen schneiden und in einer beschichteten Pfanne langsam ausbraten. Inzwischen die Avocado schälen, entkernen und in Spalten schneiden. Die Austernpilze putzen und die großen Exemplare kleiner schneiden.

**3** Den Bacon aus der Pfanne nehmen. Butterschmalz in der Pfanne erhitzen und die Pilze hineingeben. Kräftig anbraten, mit Salz und Pfeffer würzen.

**4** Den Feldsalat mit der Vinaigrette vermischen und auf zwei Teller füllen. Die Avocadospalten drumherum anrichten, Pilze und zuletzt den Bacon darüber verteilen.

30 Minuten

**Dazu:** Baguette.

## TOSKANISCHER BAUERNSALAT

v

■ 150 g italienisches Brot oder Baguette ■ 1/2 Tasse Wasser ■ 4 Eßl. Weißweinessig ■ 1 kleines Lorbeerblatt ■ 1 kleine Zwiebel ■ 1 kleine getrocknete Peperoni ■ 1 rote Paprikaschote ■ 1 Fleischtomate ■ 1 Frühlingszwiebel ■ je 1/2 Bund Basilikum und glatte Petersilie ■ 1 kleine Knoblauchzehe ■ Kräutersalz ■ frisch gemahlener Pfeffer.

**1** Das Brot entrinden und in sehr feine Würfel schneiden.

**2** Wasser mit Essig, Lorbeerblatt, geviertelter Zwiebel und halbierter Peperoni aufkochen und abkühlen lassen.

**3** Paprikaschote mit dem Sparschäler rundherum schälen, halbieren, entkernen und fein würfeln. Tomate überbrühen, häuten, entkernen und in große Stücke schneiden. Frühlingszwiebel in sehr dünne Ringe schneiden.

**4** Alle Zutaten mit dem Brot in eine Schüssel geben. Den Essigsud durch ein Sieb darübergießen, gut durchmischen.

**5** Die Kräuter hacken und dazugeben. Knoblauchzehe in das Öl pressen, salzen, pfeffern, verrühren und darübergießen. Den Salat zugedeckt im Kühlschrank durchziehen lassen.

20 Minuten

## GRÜNER KARTOFFELSALAT MIT KRABBEN

▪ 400 g kleine festkochende Kartoffeln ▪ 2 Eier ▪ 1 Zwiebel ▪ 1/2 Tasse Gemüsebrühe (Instant) ▪ 3 Eßl. Weinessig ▪ 1 Prise Cayennepfeffer ▪ 4 Eßl. Sonnenblumenöl ▪ 100 g Rukola (ersatzweise Löwenzahnsalat) ▪ 1 Bund glatte Petersilie ▪ 200 g Nordseekrabben-Fleisch.

**1** Die Kartoffeln mit der Schale garkochen. Die Eier hartkochen. Die Zwiebel würfeln und mit Gemüsebrühe und Essig aufkochen, vom Herd nehmen und Cayennepfeffer und Öl darunterrühren.

**2** Die Kartoffeln pellen, in Scheiben schneiden und in den Würzsud geben. Abgedeckt durchziehen lassen. Die Eier pellen.

**3** Rukola waschen und trockenschleudern. Einige schöne Bätter ganz lassen, die übrigen Blätter in feine Streifen schneiden. Die Stiele und die Petersilie fein hacken und unter die Kartoffeln heben.

**4** Die noch lauwarmen Kartoffeln mit den ganzen Rukolablättern auf zwei Tellern anrichten, halbierte Eier und Krabben daraufgeben.

20 Minuten

## AVOCADO-CHAMPIGNON-SALAT MIT SHRIMPS

▪ 1/4 Teel. Senf ▪ 1 Knoblauchzehe ▪ 3 Eßl. Weinessig ▪ 1/4 Teel. Zucker ▪ etwas Salz ▪ frisch gemahlener Pfeffer ▪ 4 Eßl. Olivenöl ▪ 200 g kleine feste Champignons ▪ 1 Avocado ▪ 1/2 Bund oder Topf Basilikum ▪ 200 g Shrimps.

**1** Für das Dressing Senf, durchgepreßten Knoblauch, Weinessig, Zucker, Salz, Pfeffer und Öl verrühren. Abschmecken.

**2** Champignons putzen und in feine Scheiben schneiden. Avocado schälen, entkernen und in nicht zu kleine Würfel schneiden. Gut die Hälfte der Basilikumblätter in Streifen schneiden. Alles mit dem Dressing vermischen. Auf zwei Teller füllen, die Shrimps darüber verteilen. Mit den restlichen Basilikumblättern garnieren.

10 Minuten

**Dazu:** Baguette.

**Avocados**

werden meist erst nach zwei bis drei Tagen im warmen Zimmer vollreif. Sie sind dann weich, sahnig und aromatisch. Übrigens sollten Avocados nie erhitzt werden – sie schmecken sonst bitter und verlieren ihre schöne grüne Farbe.

## CHINAKOHL-TRAUBEN-SALAT

v

■ 1/2 Chinakohl ■ etwas Kräutersalz ■ 250 g Weintrauben ■ je 50 g Walnüsse und Haselnüsse.

**1** Den Chinakohl putzen und in Streifen schneiden. Zwischen beiden Händen gut auspressen oder leicht stampfen (das macht ihn saftiger und gibt einen intensiveren Geschmack). In eine Schüssel geben und mit Kräutersalz würzen.

**2** Weintrauben halbieren, entkernen und untermischen.

**3** Walnüsse und Haselnüsse in einer Pfanne ohne Fett unter Wenden anrösten, bis sie „duften". Anschließend im Blitzhacker grob zerhacken. Unter den Salat mischen und sofort essen.

10 Minuten

**Tip:** Die Weintrauben machen den Salat fruchtig und saftig, eine Vinaigrette ist nicht erforderlich. Wer will, gibt noch etwas Kürbiskern- oder Walnußöl unter den Salat.

## AVOCADO-KRABBEN-SALAT

■ 1/4 Eisbergsalat ■ 1 weiche Avocado ■ 150 g Nordsee- oder Tiefsee-Krabben ■ 50 g Walnußkerne. Für die Salatsoße: ■ 1 Becher Joghurt (150 g) ■ 1 Teel. Tomatenmark ■ 2 Eßl. Weinessig ■ 1/2 Teel. Zucker oder Honig ■ 1/4 Teel. Senf ■ Cayennepfeffer.

**1** Den Salat waschen und trockenschleudern. In kleine Stücke zupfen. Avocado schälen, halbieren, den Kern entfernen und in Spalten schneiden. Salatblätter und Avocadospalten auf zwei Tellern anrichten. Krabben darüberstreuen.

**2** Walnüsse grob in die Pfanne schneiden und leicht anrösten, bis sie „duften". Ebenfalls über den Salat streuen.

**3** Alle Zutaten für die Soße verrühren und einen Teil davon über jede Portion geben; den Rest extra reichen.

15 Minuten

**Dazu:** Baguette.

**Abwandlung:** Statt Krabben knusprige Baconstückchen über den Salat streuen: Vier Scheiben Bacon zwischen Küchenpapier legen und bei 600 Watt etwa drei Minuten in der Mikrowelle backen (auf diese Weise wird Bacon besonders knusprig, das Küchenpapier saugt dabei das Fett auf). Den Bacon in Streifen schneiden.

## SOJASPROSSENSALAT

v

■ 100 g Sojasprossen ■ 100 g Radicchiosalat ■ 2 Äpfel ■ 1 rote Zwiebel ■ 2 Eßl. Weißweinessig ■ 1 Teel. Senf ■ 1/2 Teel. Zucker ■ Kräutersalz ■ frisch gemahlener Pfeffer ■ 5 Eßl. Sahne ■ 100 g Käse (z. B. Edamer, Gouda oder Leerdamer) ■ 2 Eßl. Kürbiskerne.

**1** Die Sprossen mit kaltem Wasser abbrausen und gut abtropfen lassen. Radicchiosalat waschen, trockenschleudern und in Streifen schneiden. Die Äpfel würfeln, die rote Zwiebel in sehr feine Streifen schneiden. Alles mischen.

**2** Weinessig mit Senf, Zucker, Salz und Pfeffer verrühren, die Sahne darunterschlagen. Mit dem Salat vermischen und auf Teller verteilen.

**3** Den Käse in Streifen schneiden und darüber geben. Die Kürbiskerne ohne Fett in einer Pfanne rösten und zum Schluß darüberstreuen.

15 Minuten

**Dazu:** Gebuttertes Vollkornbrot.

## AVOCADO-PAPAYA-SALAT

v

■ 1 kleiner grüner Salat ■ 1 große Avocado ■ 2 Papayas ■ 1 rote Zwiebel ■ 2 Eßl. Mangochutney (gibt es in den Kaufhäuser-Abteilungen für Exotisches) ■ 2 Eßl. trockener Wermut (ersatzweise Orangensaft) ■ etwas Cayennepfeffer ■ 2 Eßl. Zitronensaft ■ 4 Eßl. Öl ■ frische Pfefferminzblätter ■ 1 Teel. rote Pfefferkörner.

**1** Den grünen Salat waschen und trokkenschleudern. Avocado schälen, entsteinen und in Stücke schneiden. Papayas schälen, halbieren, die Kerne entfernen und in genauso große Stücke schneiden. Beides auf grünem Salat anrichten. Die Zwiebel in feine Ringe schneiden und darüber verteilen.

**2** Mangochutney, Wermut, Cayennepfeffer und Zitronensaft verquirlen, das Öl darunterschlagen. Über den Salat verteilen. Mit frischer Minze und den roten Pfefferkörnern bestreuen.

15 Minuten

**Dazu:** Geröstetes Toastbrot und Butter.

**Abwandlung:** Den Salat statt mit Papayafrüchten, mit Melone zubereiten.

## GRATINIERTE AUSTERNPILZE

v

■ 300 g Austernpilze ■ Kräutersalz ■ frisch gemahlener Pfeffer ■ 1 Knoblauchzehe ■ 4 Eßl. Öl ■ 4 Eßl. frisch geriebener Parmesankäse ■ 4 Eßl. Sahne.

**1** Den Grill vorheizen.

**2** Die Austernpilze mit der Lamellenseite nach oben nebeneinander in eine oder zwei flache feuerfeste Formen legen, leicht salzen und pfeffern. Knoblauch durch die Presse drücken und den Brei mit Öl verrühren, über die Pilze träufeln.

**3** Die Pilze für zwei Minuten mit geringem Abstand unter den Grill schieben. Anschließend den Parmesankäse darüberstreuen und die Sahne darüberträufeln. Weitere drei Minuten unter den Grill schieben.

10 Minuten

**Dazu:** Baguette.

**Austernpilze**
werden auf Strohballen in Hallen gezüchtet. Sie haben immer Saison. Sie haben den Vorteil, daß man sie nicht zu putzen und nicht zu waschen braucht.

## GEBRATENE SELLERIESCHEIBEN

v

■ 4 fingerdicke Scheiben von einer großen Sellerieknolle ■ Salz ■ 2 Eßl. Zitronensaft ■ frisch gemahlener Pfeffer ■ 1 Eßl. Mehl ■ 1 Ei ■ 2 – 3 Eßl. Semmelbrösel ■ 2 Eßl. frisch geriebener Parmesankäse ■ 1 Eßl. Butterschmalz.

**1** Die Sellerieschieben in einem kleinen Topf leicht mit Wasser bedecken und mit einer Prise Salz und Zitronensaft in etwa zehn Minuten garkochen. Den Sud aufheben, Selleriescheiben abtropfen lassen.

**2** Die Scheiben gut trockentupfen und mit Pfeffer würzen. Anschließend nacheinander in Mehl, verquirltem Ei und einem Gemisch aus Semmelbrösel und Parmesankäse wenden.

**3** Butterschmalz in einer Pfanne erhitzen und die Scheiben von jeder Seite in etwa acht Minuten goldbraun braten.

25 Minuten

**Dazu:** Parmaschinken, geräuchertes Putenbrustfleisch oder geräucherter Lachs.

**Tip:** Wenn Sie den Selleriesud abkühlen lassen und mit einem Spritzer Tabasco und dem Saft von zwei Orangen verrühren, ergibt er einen erfrischenden Cocktail für zwei. Aus dem restlichen Sellerie läßt sich eine feine Selleriecremesuppe (siehe Kasten Seite 27) oder ein Selleriesalat (Seite 11) zubereiten.

## AVOCADO-HÄCKERLE MIT KAVIAR

■ 1 kleine rote oder gelbe Paprikaschote ■ 2 weiche Avocados ■ 2 Eßl. Zitronensaft ■ 1 Knoblauchzehe ■ 1 kleine Schalotte ■ Cayennepfeffer ■ Kräutersalz ■ 4 Blätter vom Eisbergsalat ■ 100 g Forellenkaviar (lose oder im Glas) ■ 1/2 Tablett Kresse.

**1** Die Paprikaschote mit einem Sparschäler schälen und in kleine Würfel schneiden.

**2** Avocados längs halbieren, den Kern entfernen und das Fruchtfleisch mit einem Löffel aus den Schalen lösen. Sofort mit Zitronensaft beträufeln und mit einem Messer grob zerschneiden.

**3** Paprika dazugeben, halbierte Knoblauchzehen und Schalottenstücke darüberpressen. Cayennepfeffer und Kräutersalz zugeben, alles vorsichtig vermischen und abschmecken.

**4** Avocado-Häckerle auf je zwei Blätter vom Eisbergsalat häufeln, in die Mitte eine Vertiefung drücken und den Kaviar hineinfüllen. Die Kresse schneiden und drumherum verteilen.

10 Minuten

**Dazu:** Geröstetes Brot mit Sonnenblumenkernen oder heiße Pellkartoffeln.

## GEBACKENE TOMATEN

v

■ 2 große Fleischtomaten ■ Kräutersalz ■ frisch gemahlener Pfeffer ■ 2 Knoblauchzehen ■ 1/2 Bund Schnittlauch ■ 100 g Schafkäse ■ 5 Eßl. Olivenöl ■ 2 Eßl. Semmelbrösel.

**1** Den Backofen auf 225 Grad vorheizen. Die Tomaten quer in zwei Hälften schneiden. Die Kerne mit einem kleinen Teelöffel herausschälen. Die Hälften mit der Schnittfläche nach oben nebeneinander in eine flache Gratinform setzen.

**2** Mit Kräutersalz und Pfeffer würzen, den Knoblauch darüberpressen. Schnittlauch in Ringe schneiden und darüberstreuen. Den Schafkäse darüberreiben, mit Semmelbrösel bestreuen und mit Olivenöl beträufeln. Das herausgeschälte Tomateninnere um die Tomaten herum in die Form geben.

**3** Die Form in den vorgeheizten Backofen schieben und die Tomaten 20 Minuten backen.

30 Minuten

**Dazu:** Fladenbrot oder Baguette.

# Suppen

Zwiebelsuppe:
Rezept siehe
Seite 26.

## KARTOFFELCREMESUPPE MIT RÄUCHERLACHS

▪ 2 große Kartoffeln (etwa 400 g) ▪ 2 Eßl. Sonnenblumenkerne ▪ Salz ▪ 1 Messerspitze Cayennepfeffer ▪ etwas Curry ▪ etwa 1/4 l heiße Gemüse- oder Hühnerbrühe (Instant) ▪ 2 Scheiben geräucherter Lachs (etwa 60 g) ▪ 2 Teel. Schnittlauchröllchen.

**1** Die Kartoffeln schälen und in Stücke schneiden. Knapp mit Wasser bedeckt in etwa zehn Minuten garkochen. Inzwischen die Sonnenblumenkerne ohne Fett in einer Pfanne rösten, bis sie „duften".

**2** Die gargekochten Kartoffeln mit dem Schneidstab pürieren. Salz, Cayennepfeffer und Curry dazugeben. Während des Pürierens heiße Brühe dazugeben, bis die Konsistenz leicht cremig ist. Sahne einpürieren.

**3** Die Suppe abschmecken, auf Teller füllen und mit Lachsstreifen, Sonnenblumenkernen und Schnittlauchröllchen anrichten.

20 Minuten

**Dazu:** Baguette.

**Abwandlung:** Die Suppe statt mit Lachs mit Nordseekrabben oder Kaviar servieren.

**Tip:** Die Suppe wird nur so gut, wie die Kartoffelsorte ist. Am besten eignen sich Kartoffeln aus kontrolliert-biologischem Anbau, festkochend und mit gelber Farbe.

## ZWIEBELSUPPE

Foto Seite 24 V

▪ 500 g Zwiebeln ▪ 1 1/2 Eßl. Butterschmalz ▪ 1 Glas trockener Weißwein (ersatzweise Brühe) ▪ 3/4 l Gemüsebrühe (Instant) ▪ Jodsalz ▪ frisch gemahlener Pfeffer ▪ etwas getrockneter Majoran ▪ 2 Scheiben Baguettebrot oder Toast ▪ 4 Eßl. geriebener Käse.

**1** Die Zwiebeln abziehen und in feine Streifen schneiden. Einen Eßlöffel Butterschmalz im Topf erhitzen und die Zwiebeln goldgelb dünsten. Weißwein und heiße Brühe angießen. Zugedeckt etwa 30 Minuten köcheln.

**2** Die Brotscheiben in einer Pfanne in der restlichen Butter goldgelb rösten. Die Suppe mit Salz, Pfeffer und Majoran würzen. Den Grill vorheizen, die Suppentassen erwärmen.

**3** Die Zwiebelsuppe in die Suppentassen füllen, die Brotscheiben darauflegen, mit dem geriebenen Käse bestreuen. Die Suppentassen unter den Grill schieben und nur ganz kurz überbacken: Der Käse soll nur schmelzen.

45 Min., davon 30 Min. Garzeit

**Dazu:** Baguette.

## MÖHRENCREMESUPPE

v

■ 300 g Möhren ■ 1 Eßl. Butterschmalz ■ etwa 1/2 l Gemüsebrühe (Instant) ■ 4 bis 5 Eßl. Sahne ■ je 1 Prise Cayennepfeffer ■ Curry und Salz ■ 1 Eßl. Zitronensaft.

**1** Möhren schälen, in Stücke schneiden und drei Minuten in heißem Butterschmalz andünsten. Soviel Gemüsebrühe zugießen, daß die Möhren knapp bedeckt sind. Zugedeckt bei kleiner Hitze weichgaren.

**2** Alles mit dem Schneidstab so fein pürieren, daß die Suppe cremig, aber nicht zu dünn wird.

**3** Die Sahne in die Suppe rühren und mit Cayennepfeffer, Curry und Salz abschmecken. Zitronensaft dazugeben.

15 Minuten

**Gemüsecremesuppe**
läßt sich auch mit vielen anderen Gemüsen zubereiten. Wichtig ist, daß das Gemüse stets nur knapp mit Flüssigkeit bedeckt gart. Anschließend pürieren und erst dann soviel Flüssigkeit zugeben, bis die gewünschte Konsistenz erreicht ist. Als Einlage können Sie vor dem Pürieren etwas von dem klein gewürfelten und angedünstetem Gemüse abnehmen.

## SUPPEN-VARIANTEN

v

### Fenchelcremesuppe
■ 300 g Fenchel kleinschneiden und in Butterschmalz andünsten, ablöschen, garkochen und pürieren. Mit Orangensaft und Fenchelsamen würzen. Eine Tomate abziehen, kleinschneiden und als Einlage in die fertige Suppe geben.

### Gurkencremesuppe
■ 300 g Gurken schälen, entkernen, würfeln und in Butterschmalz andünsten, ablöschen und garkochen. Pürieren und mit Weißweinessig abschmecken.
Einlage: 50 g fein gewürfelter Schafkäse und geröstete Brotwürfel.

### Kohlrabicremesuppe
■ 300 g Kohlrabi und 1 Kartoffel würfeln und leicht andünsten. Mit Brühe ablöschen, garkochen und pürieren.
Einlage: Schnittlauch und geröstete Sonnenblumenkerne.

### Paprikacremesuppe
■ 2 rote Paprikaschoten mit einem Sparschäler schälen, würfeln und andünsten. Mit Brühe ablöschen und garkochen.
Einlage: Saure Sahne und geröstetes Knoblauchbrot. Schmeckt auch kalt gut.

### Champignoncremesuppe
■ 250 g Champignons in Scheiben schneiden und mit reichlich Schalottenwürfeln andünsten. Mit Brühe ablöschen, garkochen und pürieren. Mit 1/8 l Sahne verfeinern.

## FISCHSUPPE MIT KNOBLAUCHCREME

■ 1 Zwiebel ■ 1 Stange Porree ■ 4 Eßl. Öl ■ 1 kleine Dose geschälte Tomaten (500 g) ■ 1 Glas Fischfond (400 ml) ■ Salz ■ frisch gemahlener Pfeffer ■ 400 g Kabeljaufilet ■ 1 Becher Crème fraîche (150 g) ■ 1 – 2 Knoblauchzehen ■ 1 Eßl. Zitronensaft.

1 Zwiebel würfeln, den Porree in feine Ringe schneiden. Öl in einem Topf erhitzen und beides unter gelegentlichem Wenden darin weichdünsten. Geschälte Tomaten mit der Flüssigkeit und den Fischfond dazugeben. Die Suppe salzen, pfeffern und dann zugedeckt etwa zehn Minuten köcheln lassen.

2 Den Fisch in große Stücke schneiden, in die Suppe geben und sie fünf Minuten darin ziehen lassen. Inzwischen aus Crème fraîche, durchgepreßtem Knoblauch, Salz und Zitronensaft eine Knoblauchcreme rühren.

3 Die Fischsuppe mit Salz und Pfeffer abschmecken. Auf jede aufgefüllte Portion Knoblauchcreme geben.

30 Minuten

**Dazu:** Baguette.

## SAUERKRAUTSUPPE

■ 250 g frisches Sauerkraut ■ 1 kleine rote Paprikaschote ■ 1 Zwiebel ■ 1 Eßl. Butterschmalz ■ 1 Eßl. Edelsüß-Paprika ■ 1/2 l Hühnerbrühe (Instant) ■ 1/4 Teel. Kümmel ■ 1 geräucherte Hähnchenbrust (oder 150 g geräucherte Putenbrust) ■ 2 Eßl. Schmand ■ frisch gemahlener Pfeffer ■ Salz ■ etwas Schnittlauch.

1 Das Sauerkraut klein schneiden. Paprikaschote mit einem Sparschäler schälen, die Kerne entfernen und das Fruchtfleisch fein würfeln. Zwiebel ebenfalls würfeln.

2 Butterschmalz im Topf erhitzen, Zwiebel und Paprikaschote darin weichdünsten. Sauerkraut dazugeben, mit Paprikagewürz bestäuben und mitdünsten. Die Brühe angießen, Kümmel einstreuen. Zugedeckt 30 Minuten köcheln lassen.

3 Inzwischen das geräucherte Hähnchenfleisch vom Knochen lösen, klein schneiden und dazugeben. Schmand einrühren. Die Suppe mit Pfeffer und Salz abschmecken.

45 Minuten

**Dazu:** Baguette oder gebuttertes Schwarzbrot.

## KÄSESUPPE

v

■ 2 Schalotten ■ 1 Teel. Butterschmalz ■ 1 Teel. Mehl ■ 1/8 l Milch ■ 1/8 l Gemüsebrühe (Instant) ■ 50 g geriebener Käse (z. B. Emmentaler) ■ frisch gemahlener Pfeffer ■ etwa 1 Eßl. Zitronensaft ■ 1/2 Becher saure Sahne (75 g) ■ etwas Schnittlauch.

1 Die Schalotte in Würfel schneiden und in Butterschmalz glasig dünsten. Mehl darüberstäuben und kurz anschwitzen. Milch und Gemüsebrühe zugießen. Unter Rühren aufkochen.

2 Den geriebenen Käse in die Suppe rühren und schmelzen lassen. Mit Pfeffer und Zitronensaft würzen.

3 Die Suppe vom Herd nehmen und die saure Sahne einrühren. Schnittlauch in Röllchen darüberschneiden.

10 Minuten

**Dazu:** Baguette.

## AVOCADO-ERBSEN-CREMESUPPE

■ 1/4 l Gemüsebrühe (Instant) ■ 1/2 Paket TK-Erbsen ■ 1 weiche Avocado ■ 1/8 l Milch ■ 1 Eßl. Zitronensaft ■ 1 Messerspitze Cayennepfeffer ■ Kräutersalz ■ etwas Zucker ■ 100 g Krabben ■ etwas Schnittlauch.

1 Erbsen in der Gemüsebrühe langsam erhitzen, bis sie aufgetaut sind.

2 Avocado schälen, entkernen und in Stücke schneiden. Milch und Zitronensaft, Cayennepfeffer und Kräutersalz hinzufügen. Alles mit dem Schneidstab pürieren, dabei eine Kelle Brühe von den Erbsen hinzufügen.

3 Das Püree zu den Erbsen in den Topf geben. Nicht mehr kochen lassen, mit Salz und Zucker abschmecken.

4 Die Suppe auf Teller füllen. Krabben darauf verteilen, Schnittlauch darüberschneiden.

15 Minuten

## WILDKRÄUTER-SUPPE

v

■ Etwa 200 g gemischte Wildkräuter (z. B. Löwenzahn, Brennesseln, Spitz- oder Breitwegerich, Sauerampfer) ■ 1 Zwiebel ■ 1 1/2 Eßl. Butterschmalz ■ 1/2 l Gemüsebrühe (Instant) ■ 1 Scheibe Vollkornbrot ■ 1 Eßl. Sonnenblumenkerne ■ 1 hartgekochtes Ei ■ 250 g saure Sahne ■ 1 Eigelb ■ frisch gemahlener Pfeffer ■ Kräutersalz ■ 1 Prise Zucker.

**1** Die Wildkräuter waschen, abgetropft grob hacken. Die Zwiebel würfeln und mit den Kräutern in etwa einem Eßlöffel Butterschmalz andünsten. Mit Gemüsebrühe ablöschen. Zugedeckt zehn Minuten sanft garköcheln lassen.

**2** Inzwischen Brot fein würfeln und zusammen mit den Sonnenblumenkernen im restlichen Butterschmalz anrösten. Das Ei grob hacken.

**3** Die Kräuter mit dem Sud pürieren. Saure Sahne und Eigelb verquirlen und in die Suppe rühren. Nicht mehr kochen lassen. Mit Pfeffer, Salz und Zucker abschmecken.

**4** Die Suppe mit Brotwürfeln, Sonnenblumenkernen und Ei bestreuen.

25 Minuten

**Abwandlung:** Sie können die Suppe statt mit Wildkräutern auch mit einer Mischung aus Spinat, Petersilie und Frühlingszwiebeln zubereiten.

## BOHNENSUPPE MIT KRÄUTERCREME

■ 1 Zwiebel ■ 1 Knoblauchzehe ■ 1 Fenchelknolle ■ 250 g Rinderhack ■ 2 Eßl. Öl ■ Salz ■ frisch gemahlener Pfeffer ■ 1 Teel. Paprika ■ 3/4 l Hühnerbrühe ■ 1/2 Dose weiße Bohnen mit Suppengemüse (etwa 400 g) ■ 1/2 Teel. getrockneter Majoran ■ 2 Eßl. frisch geriebener Parmesankäse ■ 1/2 Bund Petersilie ■ 2 Eßl. Olivenöl.

**1** Zwiebel und Knoblauch abziehen und fein hacken. Fenchel putzen, halbieren, den harten Strunk entfernen und in Ringe schneiden.

**2** Hackfleisch in heißem Öl anbraten, mit Salz, Pfeffer und Paprika würzen. Zwiebel, Knoblauch und Fenchel dazugeben, kurz mitbraten. Brühe dazugießen und alles zugedeckt zehn Minuten kochen.

**3** Bohnen mit der Flüssigkeit und Majoran unterrühren, zehn Minuten weiterkochen lassen.

**4** Inzwischen Parmesankäse, gehackte Petersilie, Salz, Pfeffer und Öl verrühren. Auf jede Portion etwas von der Kräutercreme geben.

30 Minuten

**Bohnensuppe mit Kräutercreme**

## FLEISCHSUPPE MIT ZITRONENSAHNE

■ 1 Gemüsezwiebel (etwa 300 g) ■ 1 Eßl. Butterschmalz ■ 250 g Rinderhack ■ 1 Teel. Curry ■ 1 Messerspitze Cayennepfeffer ■ abgeriebene Schale von 1/2 Zitrone ■ 1/2 l Rinderbrühe (Instant) ■ 4 Eßl. Sahne ■ 2 Eßl. Zitronensaft ■ 2 Eigelb ■ Salz ■ Pfeffer ■ Schnittlauch.

1 Zwiebel würfeln und in Butterschmalz andünsten. Das Hackfleisch dazugeben und unter Wenden mitbraten. Mit Curry, Pfeffer und Zitronenschale würzen.

2 Brühe angießen. Alles zugedeckt fünf Minuten köcheln lassen.

3 Sahne, Zitronensaft und Eigelb verrühren. Die Suppe vom Herd nehmen und das Sahnegemisch einrühren. Mit Salz und Pfeffer abschmecken. Mit Schnittlauch bestreut servieren.

25 Minuten

**Abwandlung:** Die Suppe mit Lammfleisch aus der Keule zubereiten. Das Fleisch dabei in sehr feine Streifen schneiden.

**Sauerampfer**

Das Kraut mit der feinsäuerlichen Note wächst im Frühjahr wild auf feuchten Wiesen. Mittlerweile wird es auch angebaut, so daß der Gemüsehändler es frisch für Sie besorgen kann.

## ENDIVIENSUPPE

v

■ 1 Kopf Endiviensalat ■ 50 g Sauerampfer (siehe Kasten) ■ 1 Zwiebel ■ 1 Eßl. Butterschmalz ■ 1/4 l Gemüsebrühe (Instant) ■ 1/8 l Sahne ■ Cayennepfeffer ■ Muskat ■ Kräutersalz ■ 1/2 Knoblauchzehe.

1 Den Endiviensalat putzen, waschen und in Streifen schneiden. Sauerampfer waschen und trockenschleudern. Zwiebeln würfeln.

2 Butterschmalz erhitzen, Zwiebeln darin glasig dünsten. Endiviensalat zugeben und etwa zwei Minuten darin dünsten. Mit der Brühe ablöschen und etwa fünf Minuten sanft köcheln lassen.

3 Die Sahne zugießen und alles mit dem Schneidstab fein pürieren. Die Suppe mit Cayennepfeffer, Muskat, Kräutersalz ~~und~~ Knoblauch abschmecken.

4 Den Sauerampfer in sehr feine Streifen schneiden und unter die Suppe rühren.

15 Minuten

**Dazu:** Geröstetes Knoblauchbrot. Dafür Baguettescheiben rösten, mit halbierter Knoblauchzehe abreiben und mit Olivenöl beträufeln.

## TOMATENSUPPE MIT FEINER NUDELEINLAGE

v

■ 1 große Zwiebel ■ 2 Eßl. Öl ■ 1 Knoblauchzehe ■ 1 Packung geschälte gewürfelte Tomaten (500 g) ■ 1 gehäufter Teel. Instant-Gemüsebrühe ■ je 1 Prise Cayennepfeffer und Zucker ■ Kräutersalz ■ 100 g Fadennudeln ■ 4 Eßl. Sahne ■ 1 Eßl. Pesto (siehe Seite 74 – ersatzweise 1/2 Bund kleingeschnittenes Basilikum).

1 Gewürfelte Zwiebel in Öl glasig dünsten. Knoblauch halbieren und darüberpressen. Den Inhalt der Tomatenpackung und die Gemüsebrühe dazugeben, verrühren. Zugedeckt etwa fünf Minuten sanft köcheln lassen. Die Suppe mit Cayennepfeffer, Kräutersalz und Zucker abschmecken.

2 Währenddessen die Fadennudeln in reichlich Salzwasser in etwa drei Minuten garkochen. Abgetropft sofort mit Sahne und Pesto mischen.

3 Zum Servieren die Nudeln auf zwei tiefe Teller verteilen und die Suppe darüberfüllen.

20 Minuten

**Tip:** Die Suppe läßt sich natürlich auch mit frischen Tomaten zubereiten. Fleischige Flaschentomaten eignen sich am besten, allerdings müssen sie überbrüht und abgezogen werden.

## JOGHURT-KALTSCHALE MIT KNOBLAUCHCROÛTONS

v

■ 1 kleine Zwiebel ■ 1 kleine Salatgurke ■ 1 Bund Basilikum ■ 1/2 l Joghurt ■ 2 Eßl. Weißweinessig ■ Kräutersalz ■ frisch gemahlener Pfeffer ■ 1/4 Teel. Zucker ■ 2 Scheiben Weizenvollkornbrot (oder Toastbrot) ■ 1 Eßl. Sonnenblumenkerne ■ 1 Eßl. Butterschmalz ■ 1 Knoblauchzehe.

1 Die Zwiebel würfeln. Die Gurke dünn schälen und fein würfeln, Basilikumblätter fein hacken.

2 Joghurt und Basilikum in eine hohe schmale Rührschüssel geben und mit dem Schneidstab pürieren. Gehackte Zwiebel, Gurke, Weinessig, Kräutersalz, Pfeffer und Zucker dazugeben und alles verrühren, abschmecken und kalt stellen.

3 Brot fein würfeln. Sonnenblumenkerne in einer Pfanne ohne Fett anrösten, bis sie „duften". Dann Butterschmalz in der Pfanne erhitzen, Knoblauch hineinpressen, Brotwürfel dazugeben. Unter Wenden goldbraun braten.

4 Die gut gekühlte Joghurtsuppe in Teller füllen, mit Schnittlauch, Sonnenblumenkernen und Knoblauchcroûtons bestreuen und servieren.

15 Minuten

# Brote & Sandwiches

**Croque mit Schinken:** **Rezept siehe Seite 38.**

## CAMEMBERT-BROT

V

■ 2 Scheiben körniges Schwarzbrot ■ Butter ■ 4 Radicchioblätter ■ 1 Stückchen vom Eisbergsalat ■ 1 Camembert (250 g) ■ 1 kleine rote Zwiebel ■ 1 kleiner Apfel ■ 1 Gewürzgurke (etwa 50 g) ■ 1 Eßl. abgetropfte Kapern.

**1** Brotscheiben mit Butter bestreichen, mit Radicchio-Blättern und Streifen vom Eisbergsalat belegen. Den Camembert in fingerdicke Scheiben schneiden und darauflegen.

**2** Rote Zwiebel, Apfel und Gewürzgurke würfeln und zusammen mit den Kapern darauf verteilen und servieren.

10 Minuten

## WALDORF-SHRIMPS-SANDWICH

■ 2 große Scheiben Vollkornbrot ■ 2 Teel. Butter ■ etwa 4 Blätter vom Eisbergsalat ■ 200 g Waldorfsalat ■ 100 g Shrimps ■ Dill ■ rote Pfefferkörner.

**1** Brotscheiben mit Butter bestreichen und mit grünen Salatblättern belegen.

**2** Den Waldorfsalat drauffüllen, die Shrimps daraufsetzen. Mit Dill und roten Pfefferkörnern garnieren.

10 Minuten

## KAVIARBROT

■ 2 große Scheiben Weizen-Vollkornbrot ■ Butter ■ 1 Tablett Kresse ■ 150 g roter Forellen- oder Lachskaviar (frisch vom Fischhändler) ■ 2 hartgekochte Eier ■ 30 g kleine Kapern.

**1** Die Brotscheiben mit Butter bestreichen. Die Kresse mit einer Schere darüberschneiden. Kaviar daraufgeben.

**2** Die Eier grob hacken, die Kapern abtropfen lassen. Beides auf dem Kaviar verteilen.

**Abwandlung:** Den Kaviar statt auf Brot auf neuen, noch warmen Pellkartoffeln anrichten. Dafür am besten pro Person zwei große Kartoffeln halbieren.

10 Minuten

**Kaviar**

Beim Fischhändler gibt es losen Kaviar: schwarzen deutschen Seehasen-Kaviar, roten Lachskaviar und gelben Forellenkaviar. Der lose Kaviar ist weniger konserviert als abgepackte Ware und deswegen oft weniger salzig. Loser Kaviar sollte nicht länger als vier Tage aufbewahrt werden.

Camembert-Brot

## CROQUE MIT SCHINKEN

Foto Seite 34

▪ 2 kleine Stangenbrote ▪ 1 Eßl. Butter ▪ 1 grob geriebene Möhre ▪ 4 Eßl. geriebener Schnittkäse (z. B. Edamer oder Emmentaler) ▪ 2 Eßl. saure Sahne ▪ 1/2 Bund Schnittlauch (in Röllchen geschnitten) ▪ 2 dünne Scheiben gekochter Schinken.

**1** Den Backofen auf 200 Grad vorheizen. Die Brote der Länge nach so aufschneiden, daß sie noch auf einer Seite zusammenhalten. Mit Butter bestreichen.

**2** Möhre, Käse, Sahne und Schnittlauch verrühren, auf die Schinkenscheiben streichen, zusammenklappen und in die Baguettebrote legen.

**3** Die Stangenbrote etwa 12 bis 15 Minuten backen.

20 Minuten

**Abwandlung:** Für hungrige Gäste ein großes rundes Fladenbrot mit der doppelten Menge füllen und backen. In sechs Stücke schneiden.

## AVOCADO-SANDWICH

V

▪ 1 reife Avocado ▪ 2 Eßl. Zitronensaft ▪ Kräutersalz ▪ Cayennepfeffer ▪ 2 Scheiben Vollkornbrot ▪ Butter ▪ 2 Tomaten ▪ 1 Frühlingszwiebel.

**1** Avocadofruchtfleisch mit einer Gabel zermusen. Zitronensaft, Kräutersalz und Cayennepfeffer darunterrühren.

**2** Brotscheiben mit Butter bestreichen. Tomaten in Scheiben schneiden und darauflegen, mit Avocadomus bestreichen.

**3** Die Zwiebel in sehr feine Streifen schneiden und darüberstreuen.

10 Minuten

## HANDKÄS' MIT MUSIK

V

▪ 250 g reifer Harzer Käse ▪ 1 Eßl. Butter ▪ 1 Zwiebel ▪ 2 Eßl. Olivenöl ▪ 2 Eßl. Rotweinessig ▪ frisch gemahlener Pfeffer ▪ 1 Prise Salz.

**1** Harzer Käse und weiche Butter mit einer Gabel zerdrücken.

**2** Die Zwiebel würfeln und mit Öl, Essig, Pfeffer und Salz vermischen. Dann mit dem Handkäs' vermischen. 30 Minuten durchziehen lassen.

10 Minuten

**Dazu:** Vollkornbrot und Bier oder Rotwein.

## CHAMPIGNON-TOAST

v

■ 200 g braune Champignons ■ Salz ■ frisch gemahlener Pfeffer ■ 1 Eßl. Zitronensaft ■ 1 kleine Knoblauchzehe ■ 2 Eßl. geschmolzene Butter ■ 4 Scheiben Vollkorntoastbrot.

**1** Die Champignons mit einem Pinsel putzen (möglichst nicht waschen) und anschließend im Blitzhacker oder mit einem Messer fein hacken.

**2** Die Pilze salzen, pfeffern und mit Zitronensaft, durchgepreßtem Knoblauch und flüssiger Butter vermischen. Zugedeckt etwa zehn Minuten durchziehen lassen.

**3** In der Zwischenzeit den Grill vorheizen und das Brot toasten. Die Pilzmasse auf die Brotscheiben verteilen. Mit geringem Abstand unter den Grill schieben und etwa vier Minuten überbacken. Sofort servieren

15 Minuten

**Dazu:** Grüner Salat.

**Abwandlung:** Champignons schmecken auch gut zu Bandnudeln. Dafür die Pilzmasse in einer beschichteten Pfanne unter Wenden anbraten. Einen Viertelliter Sahne einrühren, offen zwei Minuten kochen.

## KÄSE-OMELETT AUF VOLLKORNBROT

v

■ 3 Eier ■ Salz ■ 3 Eßl. Wasser ■ 1 Teel. Butter ■ 50 g geriebener Schnittkäse ■ etwas Schnittlauch.

**1** Eier, Salz und Wasser verschlagen. Butterschmalz in einer großen Pfanne erhitzen und die Eier hineingießen. Den Käse sofort darauf verteilen. Bei mittlerer Hitze etwa drei Minuten backen.

**2** Brot mit Butter bestreichen. Das Omelett halbieren, zur Hälfte überschlagen und auf die Brotscheiben gleiten lassen. Schnittlauch darüberschneiden.

10 Minuten

## APFEL-LEBER-BROT

■ 250 g Hähnchenleber ■ frisch gemahlener Pfeffer ■ 1 Teel. Mehl ■ 1 Eßl. Butterschmalz ■ 1 großer Apfel ■ 1 Eßl. Ketchup ■ 1 Eßl. Butter.

**1** Die Hähnchenleber putzen, halbieren, pfeffern und leicht mit Mehl bestäuben. Butterschmalz in einer beschichteten Pfanne erhitzen, die Leber in etwa fünf Minuten garbraten.

**2** Den Apfel schälen und grob reiben. Sofort mit Ketchup vermischen. Die Brotscheiben mit Butter bestreichen und mit Apfel und Leber belegen.

15 Minuten

## THUNFISCH-TATAR AUF BROT

■ 1 Dose Thunfisch in Öl ■ 1/2 Bund glatte Petersilie ■ 1 Gewürzgurke ■ 1 kleine rote Zwiebel ■ 1 Teel. mittelscharfer Senf ■ 1 Eßl. Kapern ■ frisch gemahlener Pfeffer ■ etwa 1 Eßl. Zitronensaft ■ 2 Scheiben Vollkornbrot ■ Butter ■ etwa 4 Salatblätter.

**1** Den Thunfisch abtropfen lassen. Petersilie hacken, Gurke und Zwiebeln würfeln. Thunfisch mit einer Gabel zerpflücken und mit Petersilie, Gurke, Zwiebel, Senf und Kapern vermischen. Mit Pfeffer und Zitronensaft abschmecken.

**2** Brotscheiben mit Butter bestreichen und mit Salatblättern belegen. Thunfisch-Tatar daraufhäufen.

10 Minuten

**Abwandlung:** Statt mit Thunfisch das Tatar mit 200 Gramm Corned Beef zubereiten.

## KRAUT-TOAST

■ 2 Scheiben Vollkorntoast oder gemischtes Vollkornbrot ■ 1 Teel. Butter ■ 2 fingerdicke Scheiben Leberkäse ■ 1 Teel. mittelscharfer Senf ■ 250 g Krautsalat ■ 4 Pfirsichhälften (Dose oder frisch) ■ 2 Scheiben Käse (z. B. mittelalter Gouda).

**1** Die Brotscheiben toasten und mit Butter bestreichen; nebeneinander auf ein Backblech legen. Grill oder Backofen vorheizen.

**2** Leberkäse mit Senf bestreichen. Abwechselnd etwas Kraut, je eine Scheibe Leberkäse und das restliche Kraut auf die Toastscheiben legen. Frische Pfirsiche abziehen. Die Früchte mit der Rundung nach oben auf die Toastscheiben setzen und mit Käsescheiben zudecken.

**3** Die Toastscheiben mit genügend Abstand von den Grillstäben in etwa acht bis zehn Minuten goldbraun überbacken.

15 Minuten

**Tip:** In einer Mikrowelle mit Grill bei etwa 360 Watt mit zugeschaltetem Grill etwa fünf Minuten überbacken.

Kraut-Toast

## GEMÜSE-OMELETT AUF SCHWARZBROT

v

■ 2 Scheiben Schwarzbrot ■ 1 Teel. Butter ■ 1 Möhre ■ 1 kleiner fester Zucchino ■ 2 Frühlingszwiebeln ■ 1 Eßl. Butterschmalz ■ 4 Eier ■ Salz ■ Cayennepfeffer ■ Kräutersalz ■ etwas Parmesankäse vom Stück ■ etwas Schnittlauch.

**1** Schwarzbrotscheiben mit Butter bestreichen. Gemüse putzen und waschen. Möhre und Zucchino fein würfeln, Frühlingszwiebeln in feine Ringe schneiden.

**2** Das Gemüse in einer Pfanne mit einem Teelöffel Butterschmalz unter Wenden etwa drei Minuten andünsten. Die Eier mit Salz, Cayennepfeffer und vier Eßlöffeln Wasser verquirlen. Das restliche Fett in zwei beschichteten Pfannen erhitzen und zwei Omeletts backen. Das Gemüse darauf verteilen, mit Kräutersalz würzen und zur Hälfte überschlagen.

**3** Die Omeletts auf das Brot gleiten lassen. Parmesankäse darüberhobeln (das geht gut mit dem Sparschäler). Etwas Schnittlauch mit einer Schere darüberschneiden.

15 Minuten

**Abwandlung:** Sie können das Omelett auch mit anderem Gemüse füllen, z. B. mit Paprika, Champignons, Zwiebeln oder Tomaten. Gemüse vorher immer sanft gardünsten.

## WINZERS BROTZEIT

v

■ 2 Scheiben Vollkornbrot mit Sonnenblumenkernen ■ 1 Teel. Butter ■ etwa 4 Blätter vom grünen Salat (wenn vorhanden) ■ 1 Apfel ■ 1 kleine rote Zwiebel ■ 2 Scheiben Edelpilzkäse (à 75 g) ■ 2 Eßl. Mandeln ■ 250 g Weintrauben.

**1** Das Brot mit Butter bestreichen, mit Salatblättern belegen. Den Apfel entkernen und in Scheiben schneiden, die Zwiebel in sehr feine Ringe schneiden.

**2** Apfel, Käsescheiben und Zwiebelringe auf dem Brot anrichten, Mandeln und Weintrauben dazulegen.

10 Minuten

## SPARGEL-TOAST

v

■ 50 g geriebener Käse ■ 2 Eigelb ■ frisch gemahlener Pfeffer ■ Salz ■ 1/2 Teel. Senf ■ 2 Scheiben Vollkorntoast ■ 1 Teel. Butter ■ 300 g gekochter Spargel (frisch oder aus der Dose).

**1** Käse mit Eigelb, Pfeffer, Salz und Senf verrühren. Den Grill vorheizen.

**2** Brotscheiben toasten und mit Butter bestreichen. Den Spargel darauflegen. Mit der Käse-Ei-Masse bestreichen.

**3** Den Toast unter den vorgeheizten Grill schieben und goldbraun überbacken.

10 Minuten

**Winzers Brotzeit**

## TOAST MIT PUTENSCHNITZEL UND MANGO

■ 1 reife Mango ■ 2 dünne Putenschnitzel (à 100 g) ■ Salz ■ Cayennepfeffer ■ etwas Mehl ■ 1 Teel. Butterschmalz ■ 2 Scheiben Vollkorntoast ■ 1 Teel. Butter ■ 2 Scheiben Edelpilzkäse (à 75 g).

**1** Die Mangofrucht mit einem Sparschäler dünn abschälen. Anschließend um den Kern herum dünne Scheiben abschneiden. Die Putenschnitzel leicht salzen, pfeffern und mit Mehl bestäuben.

**2** Butterschmalz in einer Pfanne erhitzen und die Schnitzel von jeder Seite etwa eine Minute braten. Den Grill vorheizen. Die Brotscheiben toasten, mit Butter bestreichen und mit Schnitzel, Edelpilzkäse und Mangoscheiben belegen. Die Fruchtscheiben mit dem Fett aus der Pfanne einpinseln.

**3** Die belegten Toastscheiben mit genügend Abstand unter den Grill schieben und etwa fünf Minuten überbacken.

15 Minuten

## MATJES-BROT

■ 4 Matjesfilets ■ 1 Orange ■ 1 rote Zwiebel ■ etwa 4 Salatblätter ■ 2 Scheiben Vollkornbrot ■ 1 Teel. Butter ■ 2 Teel. Meerrettich-Crème fraîche.

**1** Matjesfilets abspülen und trockentupfen. Die Orange schälen und filetieren, Zwiebel in Ringe schneiden. Salatblätter waschen, trockentupfen.

**2** Die Brotscheiben mit Butter bestreichen und mit je zwei Salatblättern, Matjesfilets und Orangenstücken belegen. Mit je einem Teelöffel Meerettich-Crème fraîche und Zwiebelringen anrichten.

10 Minuten

## HÜHNCHEN-ANANAS-SANDWICH

■ 1/2 Brathähnchen ■ 2 Ananasscheiben ■ 2 – 3 Eßl. Salatcreme oder Crème fraîche ■ 1 Teel. Senf ■ 1 – 2 Eßl. Zitronensaft ■ 1/4 Teel. Zucker ■ frisch gemahlener Pfeffer ■ 2 große Scheiben Vollkornbrot ■ 2 Teel. Butter ■ 4 Blätter vom Eisbergsalat ■ 1 Eßl. Cashewkerne.

**1** Das Hähnchenfleisch von Knochen und Haut lösen und sehr fein schneiden.

**2** Ananasscheiben fein würfeln und dazugeben. Salatcreme mit Senf, Zitronensaft, Zucker und Pfeffer verrühren, unter die Zutaten mischen.

**3** Brot mit Butter bestreichen, mit Salatblättern belegen. Darauf den Salat häufeln. Cashewkerne darüberschneiden.

10 Minuten

## SCHWEIZER KÄSEBROT ÜBERBACKEN

v

▪ 100 g Käse (z. B. Emmentaler, Appenzeller oder Greyerzer) ▪ 2 Eigelb ▪ 3 Eßl. Weißwein ▪ evtl. 2 Eßl. Kirschwasser ▪ reichlich frisch gemahlener Pfeffer ▪ 8 Baguettescheiben.

**1** Den Käse reiben und mit Eigelb, Weißwein und Kirschwasser verrühren, mit Pfeffer würzen.

**2** Die Brotscheiben mit der Käsefarce bestreichen, dabei den Rand freilassen. Die Brote auf Alufolie legen und unter den Grill oder in den sehr stark vorgeheizten Backofen schieben. Fünf bis acht Minuten überbacken.

15 Minuten

**Dazu:** Gemischter Salat.

## GOURMET-FRIKADELLE AUF BROT

▪ 1 Birne ▪ 2 Eßl. Zitronensaft ▪ 100 g Gorgonzola oder Cambozola ▪ evtl. 1 – 2 Eßl. Weinbrand oder Grappa ▪ 1 kleine Knoblauchzehe ▪ 2 Scheiben Vollkornbrot mit Sonnenblumenkernen ▪ 2 Frikadellen vom Fleischer.

**1** Die Birne schälen, entkernen, in Zitronenwasser etwa eine Minute blanchieren und abtropfen lassen. Den Käse mit dem Weinbrand und der durchgepreßten Knoblauchzehe mit einer Gabel zerdrücken.

**2** Die Brotscheiben mit Butter bestreichen. Die Frikadellen in Scheiben schneiden und auf die Brote legen, die Birnenstücke fächerförmig daraufgeben. Käse in Flöckchen daraufsetzen. Im vorgeheizten Backofen oder unter dem Grill fünf bis sieben Minuten überbacken.

15 Minuten

## BEEF-TATAR MIT KRÄUTERN AUF BROT

▪ 2 hartgekochte Eier ▪ 1 Eßl. Kapern ▪ 4 Cornichons ▪ 1 Teel. Senf ▪ 1 Eßl. Weinessig ▪ 1 Teel. Sardellenpaste ▪ frisch gemahlener Pfeffer ▪ 3 Eßl. Olivenöl ▪ 1/2 Bund Basilikum ▪ 300 g Beefsteak-Tatar ▪ Salz ▪ 2 große Scheiben Landbrot ▪ 2 Teel. Butter ▪ 1 Tablett Kresse.

**1** Eier, Kapern und Cornichons fein hacken. Mit Senf, Essig, Sardellenpaste und Pfeffer vermischen, das Olivenöl darunterschlagen.

**2** Kräuter und Tatar dazugeben und alles mit einer Gabel sorgfältig verkneten. Mit Salz und Pfeffer abschmecken.

**3** Die Brotscheiben mit Butter bestreichen und mit Kresse bestreuen. Tatar darauf verteilen.

10 Minuten

## HÄHNCHEN-AVOCADO-SANDWICH MIT PESTO

■ 1/2 Brathähnchen ■ 1 weiche Avocado ■ 2 Eßl. Zitronensaft ■ Kräutersalz ■ frisch gemahlener Pfeffer ■ 2 große Scheiben Vollkornbrot ■ 4 Blätter vom Eisbergsalat ■ 1 – 2 Eßl. Pesto (Glas oder Vorrat – Seite 74) ■ 2 Eßl. Crème fraîche ■ 1 Teel. rote Pfefferkörner.

1 Das Brathähnchen von Haut und Knochen lösen. Das Fleisch in viele kleine Streifen trennen. Avocado schälen, entkernen und in Würfel schneiden. Beides vorsichtig vermischen und mit Zitronensaft, Salz und Pfeffer würzen.

2 Brotscheiben buttern, mit Salatblättern belegen und Hähnchen-Avocado darauf verteilen.

3 Pesto mit Crème fraîche verrühren und darübergeben. Mit roten Pfefferkörnern bestreuen.

15 Minuten

## GEBACKENER KÄSEFLADEN MARINIERT

V

■ 1 kleines rundes Fladenbrot (gibt es z. B. in türkischen Lebensmittelläden) ■ 250 g Schafkäse ■ 250 g Kirschtomaten ■ 3 Eßl. Weinessig ■ 1 Eßl. Zitronensaft ■ frisch gemahlener Pfeffer ■ 1 kleine Knoblauchzehe ■ 1 Schalotte ■ 6 Eßl. Olivenöl ■ 1 Bund Schnittlauch.

1 Grill oder Backofen auf höchster Stufe vorheizen. Das Fladenbrot oben flach abschneiden. Schafkäse grob auf die Schnittfläche reiben. Tomaten halbieren und darauf verteilen.

2 Den Fladen etwa zehn Minuten backen. Essig, Zitronensaft, Pfeffer, durchgepreßte Knoblauchzehe, Schalotte und Öl im Schraubdeckelglas schütteln. Über das gebackene Brot träufeln. Den Schnittlauch darüberschneiden.

20 Minuten

## FISCHER-FRÜHSTÜCK

■ 2 große Scheiben Vollkornbrot ■ 2 Teel. Butter ■ 300 g geräucherter Heilbutt ■ 4 Eier ■ 1 Teel. Butterschmalz ■ 1/2 Bund Schnittlauch.

1 Brotscheiben mit Butter bestreichen. Den Räucherfisch vorsichtig von Haut und Gräten lösen.

2 Eier mit Milch, Salz und Pfeffer verschlagen. Butterschmalz in einer Pfanne erhitzen und die Eier hineingießen. Unter ständigem Rühren stocken lassen.

3 Das Rührei auf die Brotscheiben geben und den Räucherfisch darauf verteilen. Den Schnittlauch darüberschneiden.

15 Minuten

## KNUSPRIGES FLADENBROT

V

■ 1 kleines rundes Fladenbrot (gibt es z. B. in türkischen Lebensmittelläden) ■ 2 Knoblauchzehen ■ Salz ■ 1 Teel. Edelsüßpaprika ■ 1/4 Teel. Cayennepfeffer ■ 1/2 Teel. Curry ■ 6 Eßl. Olivenöl ■ 2 – 3 Eßl. Sesamsaat ■ 2 Fleischtomaten oder 4 Flaschentomaten ■ etwas Schnittlauch.

**1** Den Backofen auf 175 Grad vorheizen. Das Fladenbrot quer durchschneiden. Knoblauch halbieren und ungeschält pressen, dann mit Salz, Paprika, Cayennepfeffer, Curry und Öl verrühren. Die Schnittflächen des Brotes mit diesem Würzöl bestreichen.

**2** Das Brot vierteln und mit Sesamsaat bestreuen. Auf dem Rost in den Backofen schieben und etwa 20 Minuten backen.

**3** Inzwischen die Tomaten überbrühen, abziehen und klein schneiden, zum Abtropfen in ein Sieb geben. Die Tomatenstücke auf das warme Fladenbrot geben. Mit Schnittlauchröllchen bestreuen und heiß servieren.

25 Minuten

**Tip:** Zu Wein schmeckt das knusprige Fladenbrot auch ohne Tomaten sehr gut. Für Gäste schneiden Sie das Fladenbrot am besten gleich in mundgerechte Stücke.

## TATARBROTE ÜBERBACKEN

■ 2 große Scheiben Bauernbrot ■ 50 g Emmentaler Käse (oder ein anderer schnittfester Käse) ■ 1 Teel. eingelegte grüne Pfefferkörner ■ 250 g Beefsteakhack ■ 1/2 Bund glatte Petersilie ■ Kräutersalz ■ evtl. 1 kleine Knoblauchzehe ■ 1 – 2 Teel. weiche Butter.

**1** Das Brot toasten, Käse fein würfeln und Pfefferkörner mit der Messerschneide zerquetschen. Beides zum Tatar geben. Petersilie fein hacken und zufügen. Mit Salz und eventuell mit Knoblauch würzen und abschmecken. Alles locker durchmischen und auf den Brotscheiben verteilen. Mit weicher Butter einpinseln.

**2** Die Brote unter den vorgeheizten Grill oder in den sehr heißen Backofen schieben und etwa drei bis fünf Minuten überbacken.

10 Minuten

# Crêpes, Quiches & Pfannkuchen

Petersilien-Quiche mit Schinken: Rezept siehe Seite 50.

## PETERSILIEN-QUICHE MIT SCHINKEN

Foto Seite 48

■ 2 Scheiben TK-Blätterteig ■ 3 Frühlingszwiebeln ■ 1 Bund glatte Petersilie ■ 3 Eier ■ 1/8 l saure Sahne ■ 50 g geriebener Käse (z. B. Edamer oder Emmentaler) ■ Kräutersalz ■ frisch gemahlener Pfeffer ■ 2 Scheiben gekochter Schinken.

**1** Blätterteigscheiben auftauen lassen. Frühlingszwiebeln und Petersilie fein hacken. Eier mit saurer Sahne, Käse, Kräutersalz und Pfeffer verrühren. Grünzeug darunterrühren. Zwei Quicheformen (16 Zentimeter Ø) fetten. Backofen auf 225 Grad vorheizen.

**2** Jede Blätterteigscheibe auf bemehlter Arbeitsfläche so dünn wie möglich ausrollen. Die Formen damit auskleiden und dann je eine Schinkenscheibe hineinlegen. Die Eiersahne hineingießen.

**3** Die Formen auf dem Rost ganz unten in den Backofen schieben – das ist wichtig, damit die Quiches gut durchbacken – und 30 Minuten backen. Aus dem Backofen nehmen, fünf Minuten abkühlen lassen und servieren.

45 Min., davon
30 Min. Garzeit

**Tip:** Die zwei Portionen sind reichlich bemessen. Sie können auch vier kleine Quiches backen, zum Beispiel als Vorspeise. Dafür den Schinken fein würfeln und auf dem Teigboden verteilen. Backzeit wie angegeben.

## TOMATENKUCHEN

für 4 große Stücke

V

Teig: ■ 200 g Weizenmehl ■ 75 g Butter ■ 4 Eßl. Milch ■ 1/2 Teel. Salz ■ 1 Eßl. Essig. Belag: ■ 750 g Fleisch- oder Flaschentomaten ■ 150 g Käse (z. B. mittelalter Gauda oder Appenzeller) ■ 4 Eßl. Sahne ■ 2 Eier ■ frisch gemahlener Pfeffer ■ 1/2 Teel. getrockneter Oregano.

**1** Alle Zutaten für den Teig verkneten. Die Tomaten überbrühen, abziehen und bis auf drei in grobe Stücke schneiden. Auf einem Sieb abtropfen lassen.

**2** Den Käse grob reiben und die Hälfte mit Sahne und Eiern verrühren. Mit Salz und Pfeffer würzen. Den Backofen auf 225 Grad vorheizen.

**3** Den Teig zwischen zwei Bögen Klarsichtfolie in Formgröße ausrollen. In eine gefettete Form (26 Zentimeter Ø) legen, den Rand hochdrücken. Den Teigboden mehrmals einstechen und mit dem restlichen Käse bestreuen. Geschnittene Tomaten auf den Boden geben, leicht salzen und pfeffern und die Eier-Käse-Creme darüber verteilen. Restliche Tomaten in Scheiben schneiden und darauflegen. Mit Oregano, Salz und Pfeffer bestreuen.

**4** Auf dem Rost ganz unten in den Backofen schieben und 40 Minuten backen.

50 Min., davon
40 Min. Garzeit

## QUICHE LORRAINE

Alle Quiches für vier Personen

■ 1 Grundrezept Mürbeteig ■ 6 Schalotten ■ 100 g Bacon oder Frühstücksspeck ■ 2 Eier ■ 1/8 l Milch ■ 50 g Speisequark ■ Salz ■ Cayennepfeffer ■ frisch gemahlener Pfeffer ■ Muskat.

**1** Den Teig dünn ausrollen und eine flache feuerfeste Form von etwa 24 Zentimeter Ø damit auslegen. Mehrmals mit einer Gabel einstechen und mit Eiweiß einpinseln. Backofen auf 220 Grad vorheizen.

**2** Die Schalotten klein schneiden, den Bacon in sehr feine Streifen schneiden. Schalotten in einer Pfanne dünsten, bis sie glasig und weich sind, aus der Pfanne nehmen. Dann den Bacon darin im eigenen Fett knusprig braten. Die übrigen Zutaten und Gewürze verquirlen.

**3** Schalotten und Bacon auf dem Teigboden verteilen, Eiercreme darübergießen.

**4** Auf der unteren Schiene im Backofen etwa 40 Minuten backen.

alle Quiches
50 Min., davon
40 Min. Garzeit

## GRUNDREZEPT MÜRBETEIG

■ 250 g Weizenmehl ■ 125 g kalte Butter ■ 1 Ei (verquirlt) ■ 1/2 Teel. Salz ■ 1 Prise Zucker ■ 2 – 3 Eßl. Milch, Wasser, saure Sahne oder Wein.

Alle Zutaten in eine Schüssel geben. Zuerst mit den Knethaken des Handrührers, dann schnell mit den Händen verkneten. Eine Stunde ruhen lassen.

## QUICHE-VARIANTEN

### Zwiebelquiche

■ 250 g Frühlingszwiebeln putzen, klein schneiden und fünf Minuten in Butter andünsten. Außerdem 50 g geröstete Kürbiskerne klein hacken und darüberstreuen.

### Porreequiche

■ 300 g Porree blanchieren und 100 g geräucherte Putenbrust in feine Streifen schneiden.

### Spinatquiche

■ 500 g Spinat kurz blanchieren, abschrekken, auspressen und grob hacken. 25 g geröstete Pinienkerne darüberstreuen.

### Gemüsequiche mit Bacon

■ 1 Bund Suppengrün klein würfeln und fünf Minuten in Butter halb gar dünsten. Mit Baconstreifen belegen.

## GEFÜLLTE TACOS

für 6 Tacos

■ 4 Blätter vom Eisbergsalat ■ 100 g Käse (z. B. Cheddar) ■ 1 weiche Avocado ■ 3 Eßl. Zitronensaft ■ Kräutersalz ■ Cayennepfeffer ■ 1/2 kleine Zwiebel ■ 150 g geräucherte Putenbrust in Scheiben ■ 6 Tacoschalen ■ 6 Teel. scharfe Tacosoße.

**1** Den Backofen auf 175 Grad vorheizen. Die Salatblätter in Streifen schneiden. Den Käse grob reiben. Die Avocado schälen, entsteinen und das weiche Fruchtfleisch mit einer Gabel zermusen. Mit Zitronensaft, Salz, Cayennepfeffer und geriebener Zwiebel vermischen. Abschmecken – das Mus muß kräftig gewürzt sein! Putenfleisch in feine Streifen schneiden.

**2** Die Tacoschalen etwa zwölf Minuten im Backofen aufbacken und sofort der Reihe nach mit den vorbereiteten Zutaten füllen. Zum Schluß je einen Teelöffel von der scharfen Tacosoße hineingeben. Sofort essen.

alle Tacos
20 Minuten

## TACO-VARIANTEN

### Tacos mit Beefsteakhackfüllung

■ 1 rote scharfe Chilischote aufschlitzen, entkernen, 1 Zwiebel schälen. Beides fein hacken und in 2 Eßl. Öl glasig dünsten, 250 g Beefsteakhack dazugeben und krümelig anbraten. 1 Knoblauchzehe darüberpressen, 1 Eßl. Rosinen zufügen, 5 Eßl. Rindfleischbrühe (Instant) dazugeben und alles zugedeckt 10 Minuten schmoren. Mit Salz und Zucker würzen. In die aufgebackenen Tacoschalen füllen.

### Tacos mit Guacamole

■ 2 weiche Avocados schälen, entkernen und mit einer Gabel und 2 Eßl. Zitronen- oder Limettensaft zerdrücken. 1 Tomate grob darüberraffeln, 1 Schalotte mit der Knoblauchpresse darüberpressen. Pfeffern und mit der Gabel mischen. Mit Salz abschmecken. In die aufgebackenen Tacoschalen füllen.

**Tacos**

sind knusprige mexikanische Maisfladen, die es fertig in großen Lebensmittelgeschäften zu kaufen gibt. Dort erhalten Sie auch die scharfe mexikanische Tacosoße. Man braucht die Tacos nur noch im Backofen aufzubacken und zu füllen.

Gefüllte Tacos

## GEFÜLLTE BLÄTTERTEIGROLLE

■ 2 Scheiben TK-Blätterteig ■ 1 kleiner Apfel ■ 150 g Sauerkraut (frisch oder aus der Dose) ■ 2 Scheiben gekochter Schinken ■ 1 Teel. mittelscharfer Senf ■ 2 sehr dünn geschnittene Käsescheiben ■ 1 kleines Eigelb ■ 2 Eßl. Milch.

**1** Blätterteigscheiben auftauen lassen. Den Backofen auf 200 Grad vorheizen.

**2** Den Apfel schälen und grob reiben, Sauerkraut kleinschneiden; beides vermischen. Den Schinken dünn mit Senf bestreichen und jede Scheibe mit einer Käsescheibe belegen. Sauerkraut darauf verteilen und aufrollen.

**3** Die Blätterteigscheiben auf bemehlter Arbeitsfläche so dünn wie möglich ausrollen und dann die Schinkenrollen darin einschlagen. Die Rollen mit der Naht nach unten auf ein mit Backtrennpapier ausgelegtes Backblech legen, mit der Gabel mehrmals einstechen. Eigelb und Milch verquirlen und die Päckchen damit einpinseln.

**4** Das Gebäck in den Backofen schieben und etwa 30 Minuten backen. Eventuell nach etwa 20 Minuten abdecken, damit der Teig nicht zu dunkel wird.

30 Min., davon
20 Min. Garzeit

## PIZZA GORGONZOLA

für 4 große Stücke

V

■ 1 Paket TK-Blätterteig mit 5 Scheiben (400 g) ■ 1 kg grober Blattspinat ■ Fett für das Blech ■ 1 Eiweiß ■ Salz ■ frisch gemahlener Pfeffer ■ 1 Zwiebel ■ 1 Becher saure Sahne (150 g) ■ 200 g Gorgonzola ■ 50 g Walnüsse.

**1** Den Blätterteig auftauen lassen. Spinat putzen, waschen und tropfnaß in einem Kochtopf zugedeckt bei größter Hitze zusammenfallen lassen. Mit kaltem Wasser abschrecken und gut abtropfen lassen.

**2** Vier Blätterteigscheiben übereinanderlegen und zu einem dünnen großen Rechteck ausrollen. Auf ein gefettetes Backblech legen. Die letzte Teigplatte ausrollen, in schmale Streifen schneiden, zur Kordel drehen und mit Eiweiß auf den Teigplattenrand „kleben". Den Backofen auf 225 Grad vorheizen.

**3** Den Spinat kräftig auspressen, kleinschneiden und auf dem Teigboden verteilen. Salzen und pfeffern. Die Zwiebel fein würfeln, saure Sahne und Gorgonzola dazugeben und vermischen. In Flöckchen auf den Spinat geben. Mit Walnüssen belegen. Ganz unten in den vorgeheizten Backofen schieben und etwa 20 Minuten backen.

45 Min., davon
25 Min. Garzeit

**Pizza Gorgonzola**

## BLITZ-PIZZA

v

■ 1 1/2 Eßl. Tomatenmark ■ 1 kleine Knoblauchzehe ■ 2 Eßl. Olivenöl ■ Salz ■ frisch gemahlener Pfeffer ■ 4 Scheiben Toastbrot.

1 Den Backofen auf 250 Grad vorheizen. Tomatenmark, durchgepreßte Knoblauchzehe, Olivenöl, Salz und Pfeffer verrühren. Toastscheiben dünn damit bestreichen.

2 Anschließend mit allem, worauf Sie Appetit haben oder was der Vorrat hergibt, belegen.

Zum Beispiel mit:
- Mozzarellascheiben, entsteinten Oliven und gekochten Schinkenstreifen,
- Tomatenscheiben, Käsestreifen, eingelegten Peperoni,
- Salamistreifen, Schafkäsewürfeln und Paprikastreifen,
- gekochtem Schinken, Champignonscheiben und Gorgonzola.

3 Die Toastscheiben auf dem Rost ganz unten in den vorgeheizten Backofen schieben und fünf bis zehn Minuten backen.

15 Minuten

## PORREE-KUCHEN

für 4 große Stücke

■ 1 kg Porree ■ Salz ■ 1 Paket gekühlter Pizzateig (230 g, schon rund ausgerollt) ■ 4 Scheiben Parmaschinken ■ 4 Eier ■ 1 Becher Schmand (200 g) ■ frisch gemahlener Pfeffer ■ 3 Eßl. frisch geriebener Parmesankäse.

1 Den Porree putzen, waschen und in feine Ringe schneiden. In kochendes Salzwasser geben und zwei Minuten kochen. Anschließend in kaltem Wasser abschrecken, gut abtropfen lassen. Den Backofen auf 250 Grad vorheizen.

2 Den Pizzateig eventuell noch dünner ausrollen und in eine flache Pizza- oder Quicheform (28 Zentimeter Ø) legen. Den Teigboden mehrmals einstechen. Die Schinkenscheiben auf den Teigboden legen. Eier, Schmand, etwas Salz und Pfeffer verrühren, Porree daruntermischen, auf dem Teigboden verteilen. Mit Parmesankäse bestreuen. Den überhängenden Teig an den Seiten über die Füllung schlagen.

3 Den Porreekuchen auf dem Rost ganz unten in den Backofen schieben und 40 Minuten backen. Eventuell nach 20 Minuten mit Pergamentpapier abdecken.

1 Stunde, davon
40 Min. Garzeit

**Porree-Kuchen**

## BLINIS MIT KAVIAR

■ 1 Teel. Trockenhefe ■ 1/8 l lauwarme Milch ■ 50 g Weizenmehl ■ 50 g Buchweizenmehl ■ 1 Ei ■ etwas Salz ■ Butterschmalz zum Braten ■ 1/2 Becher Schmand (100 g) ■ je 50 g roter und schwarzer Kaviar.

**1** Hefe, lauwarme Milch, Weizenmehl und Buchweizenmehl, Ei und Salz verrühren. Den Teig mit einem Tuch abgedeckt etwa 30 Minuten an einem warmen Platz aufgehen lassen.

**2** Butterschmalz in einer oder zwei Pfannen erhitzen und eßlöffelweise etwa 14 bis 18 kleine goldgelbe Blinis backen. Bis alle fertig sind, im Backofen bei 100 Grad warm halten.

**3** Die warmen Blinis mit Schmand und Kaviar servieren.

15 Minuten

**Abwandlung:** Schmeckt auch mit Räucherlachs statt mit Kaviar.

## BLÄTTERTEIG-PIZZEN

für 5 Stücke

V

■ 1 Paket TK-Blätterteig (300 g, 5 Teigscheiben) ■ 1 kleine Dose geschälte Tomaten ■ 150 g Mozzarella ■ etwas getrockneter Majoran ■ frisch gemahlener Pfeffer ■ Salz ■ 2 Eßl. frisch geriebener Parmesankäse ■ 10 schwarze Oliven ■ 2 Eßl. Kapern ■ 1 Zweig frisches Basilikum.

**1** Die Blätterteigscheiben auftauen lassen. Den Backofen auf 225 Grad vorheizen. Jedes Teigstück so ausrollen, daß es um etwa die Hälfte größer wird. Rundherum einen schmalen Streifen abschneiden, mit Wasser anfeuchten und als Kante mit Eiweiß auf die Teigstücke „kleben". Auf ein mit Backtrennpapier ausgelegtes Backblech legen.

**2** Die Tomaten abtropfen lassen und auspressen. Tomate, Mozzarellascheiben, Majoran, Pfeffer, Salz und Parmesankäse auf den Teigstücken verteilen. Das Blech auf der untersten Schiene in den vorgeheizten Backofen schieben und in 25 Minuten goldgelb backen. Das Gebäck etwa fünf Minuten abkühlen lassen.

**3** Oliven, Kapern und frische Basilikumblätter auf die Pizzen geben. Sie schmekken heiß oder kalt.

45 Min., davon
20 Min. Garzeit

**Blätterteig-Pizzen**

## SCHINKENHÖRNCHEN

für 4 große Hörnchen

■ 300 g gekochter Schinken (oder geräuchertes Putenbrustfleisch) ■ 4 Eßl. Sahne ■ 100 g Doppelrahmfrischkäse ■ 2 Teel. eingelegte grüne Pfefferkörner ■ 1 Ei ■ 2 Frühlingszwiebeln ■ 1 Paket gekühlter Blätterteig (230 g, rund ausgerollt) ■ 1 Ei (getrennt) ■ 2 Eßl. Milch ■ etwas Mohn ■ Kümmel oder Sonnenblumenkerne zum Bestreuen.

1 Für die Füllung den Schinken in Stücke schneiden und im Mixer fein hacken. Sahne, Frischkäse, abgetropfte Pfefferkörner und das Ei hinzufügen und alles kurz durchmischen. Die Frühlingszwiebeln putzen, waschen und fein hacken. Den Backofen auf 250 Grad vorheizen.

2 Den Blätterteig auseinanderrollen und vierteln. Die Schinkenfarce auf die vier Teigdreiecke verteilen und mit den Zwiebeln bestreuen. Dabei die Teigränder etwas frei lassen und mit Eiweiß einpinseln. Jedes Teigstück von der längeren, abgerundeten Seite her zur Spitze aufrollen. Zum Hörnchen formen und auf ein mit kaltem Wasser abgespültes Backblech setzen.

3 Eigelb mit Milch verquirlen und die Hörnchen damit einpinseln. Nach Belieben mit Mohn, Kümmel oder Sonnenblumenkernen bestreuen. Auf der zweiten Schiene von unten in den vorgeheizten Backofen schieben und in etwa 30 Minuten goldbraun backen. Noch warm essen.

45 Min., davon
30 Min. Garzeit

**Abwandlung:** Statt Tiefkühl-Blätterteig kann auch gekühlter Frischteig für Hörnchen aus der Dose verwendet werden. Temperatur und Backzeit sind auf der Packung angegeben.

**Tip:** Schinkenhörnchen sind sehr gut für ein Picknick im Freien geeignet. Statt vier Hörnchen dann – wie auf dem Foto rechts – einmal ein Riesenhörnchen backen (die Backzeit dafür um etwa 15 Minuten verlängern).

**Großes Schinkenhörnchen**

## CRÊPES-GRUNDREZEPT

für 18 Crêpes　　v

■ 4 Eier ■ 150 g Mehl ■ 1 Eßl. Speisestärke ■ 1/2 Teel. Salz ■ 1 Eßl. geschmolzene Butter.

**1** Eier und einen Viertelliter Wasser mit dem Handrührer verrühren. Mehl, Speisestärke und Salz dazugeben und glattrühren. Etwa 20 Minuten ausquellen lassen. Danach die flüssige Butter unterrühren.

**2** Eine beschichtete Pfanne (etwa 18 Zentimeter Ø) einmal mit Öl einpinseln und erhitzen. Etwa zwei bis drei Eßlöffel Teig in die Pfanne geben und durch Schwenken sofort dünn verlaufen lassen. Einmal wenden. Crêpes müssen schön dünn, zartbraun und fest sein. Da Butter im Teig ist, braucht die Pfanne nur bei der ersten Crêpe gefettet zu werden.

20 Minuten

**Tip:** Crêpes können Sie für den Vorrat übereinanderschichten (je einen Streifen Pergamentpapier dazwischenlegen). Im Kühlschrank halten sie sich etwa eine Woche lang frisch, eingefroren mehrere Monate.

## CRÊPES-VARIANTEN

pro Person drei Crêpes　　v

### Mozzarella-Crêpes

■ Crêpes nebeneinander auf ein leicht gefettetes Backblech legen. Mit Mozzarellastreifen belegen, mit gehackten Kräutern, gewürfelter Tomate und Parmesankäse bestreuen. Unterm vorgeheizten Grill oder im sehr heißen Backofen überbacken. Übereinandergeschlagen oder aufgerollt essen.

15 Minuten

### Crêpes mit Spinatfüllung

■ 250 g blanchierten, gut ausgepreßten Spinat klein schneiden, 150 g Quark, 4 Eßl. geriebenen Parmesankäse, Salz, Pfeffer und 1 durchgepreßte Knoblauchzehe in einer Schüssel verrühren.
Den Spinat darunterheben. 6 Crêpes damit füllen. Nebeneinander in eine flache gefettete Gratinform legen. Mit flüssiger Sahne einpinseln, etwas Parmesankäse darüberstreuen und mit hauchdünnen Tomatenscheiben belegen. Bei 200 Grad 30 Minuten backen.

45 Minuten

## TOPFEN-KARTOFFELN

■ 300 g Pellkartoffeln vom Vortag ■ 1/2 Packung Bacon (75 g) ■ 1 Packung Speisequark ■ 1 Becher saure Sahne (150 g) ■ 2 Eier ■ Kräutersalz ■ Cayennepfeffer ■ frisch gemahlener Pfeffer ■ 1 kleine Zwiebel ■ 1 Teel. Butter für die Form ■ 1 Eßl. Semmelbrösel ■ 2 bis 3 Eßl. geriebener Käse (z. B. Emmentaler oder Gouda).

**1** Pellkartoffeln in Scheiben schneiden. Bacon mit einer Schere in feine Streifen schneiden. Den Backofen auf 225 Grad vorheizen.

**2** Quark mit saurer Sahne und Eiern, Kräutersalz, Cayennepfeffer und Pfeffer verrühren. Die Zwiebel schälen und grob darüberreiben. Die Kartoffelscheiben unterheben.

**3** Eine oder zwei flache feuerfeste Formen mit Butter fetten und mit Semmelbrösel ausstreuen. Die Kartoffel-Quark-Masse einfüllen. Baconstreifen und geriebenen Käse darüber verteilen. Die Form auf dem Rost auf der zweiten Schiene von unten in den vorgeheizten Backofen schieben und 25 bis 30 Minuten backen.

45 Min., davon
30 Min. Garzeit

**Dazu:** Grüner Blattsalat.

## PFANNKUCHEN MIT BACON UND AHORNSIRUP

■ 4 Eier ■ 1 Prise Salz ■ 5 Eßl. heißes Wasser ■ 3 Eßl. Mehl ■ Butterschmalz zum Braten ■ 8 Scheiben Bacon ■ Ahornsirup.

**1** Die Eier mit einer Prise Salz und heißem Wasser schaumig schlagen. Mehl dazugeben. Den Backofen auf 100 Grad vorheizen.

**2** Butterschmalz in der Pfanne erhitzen und die Hälfte des Teiges hineingeben. Sofort mit vier Bacon-Scheiben belegen. Ist der Pfannkuchen auf der Unterseite braun, wenden und fertigbraten.

**3** Im vorgeheizten Backofen warm halten, bis der zweite Pfannkuchen fertig ist. Ahornsirup gießt sich jeder selbst über den Pfannkuchen.

15 Minuten

**Abwandlung:** Sie können statt Bacon auch mageren Speck nehmen. Den müssen Sie allerdings in sehr feine Würfel schneiden!

Spaghetti mit rohem Tomatensugo: Rezept siehe Seite 66.

# Nudeln & Reis

## SPAGHETTI MIT ROHEM TOMATENSUGO

v

■ 200 g Spaghetti ■ 500 g kleine Kirsch- oder aromatische Fleischtomaten ■ 1 kleine Chilischote ■ 1 Bund oder Topf Basilikum ■ Jodsalz ■ 4 Eßl. Olivenöl ■ frisch geriebener Parmesankäse.

**1** Salzwasser zum Kochen aufsetzen und die Nudeln garkochen.

**2** Die Kirschtomaten waschen, kleinschneiden und in eine Schüssel geben. Pfefferschote entkernen und fein schneiden. Basilikumblätter fein schneiden und beides zu den Tomaten geben. Mit Salz und Pfeffer würzen und das Olivenöl unter Rühren hinzufügen.

**3** Die abgetropften Spaghetti sofort mit den Tomaten vermischen und servieren. Parmesankäse reibt sich jeder selbst über die Spaghetti.

20 Minuten

**Abwandlung:** Zu den Spaghetti paßt statt Parmesankäse auch klein gewürfelter Mozzarella (150 g), geriebener Schafkäse (100 g) oder durch ein Sieb gestrichener Ricotta-Käse (150 g).

Foto Seite 64

## PENNE ALL'ARRABIATA – SCHARFE NUDELN

■ 20 g getrocknete Steinpilze ■ 50 g magerer luftgetrockneter Schinken ■ 1 Zwiebel ■ 1 Knoblauchzehe ■ 1 Chilischote ■ 1 Packung abgezogene gewürfelte Tomatenstücke (250 g) ■ Salz ■ 1 Teel. Butter ■ 200 g große Röhren-Nudeln (z. B. Penne oder Rigatoni) ■ 4 Eßl. Parmesankäse.

**1** Die getrockneten Steinpilze in Stücke schneiden und in einem Achtelliter heissem Wasser etwa 20 Minuten einweichen. Schinken in feine Streifen schneiden. Zwiebel und die abgezogene Knoblauchzehe hacken. Chilischote längs halbieren, entkernen und hacken.

**2** Die Butter mit dem Speck in einer großen Pfanne glasig dünsten. Knoblauchzehe, Chilischote und Zwiebel zufügen, drei Minuten dünsten. Dann die eingeweichten und abgetropften Pilze dazugeben. Die Pilzflüssigkeit durch ein Tuch filtern und ebenfalls dazugeben. Offen um die Hälfte einkochen. Dann Tomaten und Salz zugeben. Alles etwa 15 Minuten weiter köcheln lassen.

**3** Inzwischen die Nudeln in Salzwasser kochen, abgießen und sofort zur Soße geben. Alles offen eine Minute weiterschmoren. Parmesan darüberreiben.

40 Min., davon
20 Min. Schmorzeit

**Penne all'arrabiata – Scharfe Nudeln**

## TAGLIATELLE MIT BUNTEM GEMÜSE

v

▪ 1 kleine Gemüsezwiebel ▪ je 1 kleine rote und gelbe Paprikaschote ▪ 1/2 Bund Petersilie ▪ 3 Eßl. Öl ▪ 1 Knoblauchzehe ▪ Kräutersalz ▪ frisch gemahlener Pfeffer ▪ Cayennepfeffer ▪ 1/2 Teel. Oregano ▪ 200 g grüne Tagliatelle ▪ 1 Teel. Butter ▪ etwa 75 g milder Fetakäse.

**1** Zwiebel abziehen, Paprika putzen und waschen. Beides klein würfeln. Petersilie hacken.

**2** Öl in einer Pfanne erhitzen und das Gemüse unter gelegentlichem Wenden in etwa zehn Minuten weichdünsten. Knoblauchzehe ungeschält halbiert durch die Presse über das Gemüse drücken, mit Kräutersalz, Pfeffer, Cayennepfeffer und Oregano würzen.

**3** Inzwischen die Nudeln in reichlich Salzwasser garkochen. Abgetropft sofort in Butter schwenken und mit dem Gemüse anrichten. Fetakäse darüberreiben, mit Petersilie bestreuen.

25 Minuten

**Tip:** Das Gemüse paßt auch zu Couscous und zu Glas- oder Reisnudeln.

## NUDELN MIT WALNUSS-CHILI-MUS

v

▪ 2 Schalotten ▪ 1 kleine rote Chilischote (ersatzweise 1/4 Teel. Sambal Oelek) ▪ 50 g Walnußkerne ▪ 1 Eßl. Butterschmalz ▪ 200 g Fusilli (kleine aufgedrehte Nudelnester) oder Fadennudeln ▪ Salz ▪ etwas Schnittlauch.

**1** Schalotten abziehen und fein würfeln. Chilischote halbieren, die Kerne entfernen und die Schote fein hacken. Walnüsse fein hacken und in der Pfanne ohne Fett leicht anrösten, bis sie „duften".

**2** Butterschmalz in einer Pfanne erhitzen und die Schalotten darin glasig dünsten. Chili dazugeben, verrühren und sofort vom Herd ziehen. Die Walnüsse hinzufügen, alles verrühren und mit Salz abschmecken.

**3** Die Nudeln in Salzwasser ca. drei Minuten kochen, abgießen und mit dem Walnußmus auf Teller füllen. Schnittlauch mit einer Schere darüberschneiden.

10 Minuten

**Rote Chilischoten**

gibt es frisch, getrocknet, eingelegt und als Pulver (Cayennepfeffer), als Paste im Glas (Sambal Oelek) oder flüssig in der Flasche (Tabasco). Frische und getrocknete Schoten, Cayennepfeffer und Sambal Oelek sind zum Mitkochen gut. Aber Vorsicht, eine kleine Schote reicht schon. Tabasco eignet sich zum Würzen bei Tisch.

## SCHMETTERLINGSNUDELN MIT ZUCCHINI

v

■ 4 kleine feste Zucchini (etwa 300 g) ■ 1 Bund Frühlingszwiebeln ■ 1/2 Bund glatte Petersilie ■ 3 Eßl. Öl ■ 1 Knoblauchzehe ■ frisch gemahlener Pfeffer ■ Kräutersalz ■ 200 g Schmetterlingsnudeln (oder eine andere Sorte) ■ Parmesankäse im Stück.

1 Zucchini und Frühlingszwiebeln waschen und klein schneiden und die Petersilie fein hacken.

2 Öl in einer Pfanne erhitzen und Zucchiniwürfel unter Wenden leicht braun braten. Die Zwiebelringe dazugeben und die ungeschälte halbierte Knoblauchzehe darüberpressen. Kräftig mit Pfeffer und sanft mit Kräutersalz würzen.

3 Inzwischen die Nudeln in reichlich Salzwasser garkochen. Abgetropft sofort mit dem Zucchinisugo vermischen und auf zwei Teller füllen. Parmesan darüberreiben.

15 Minuten

**Knoblauchzehen pressen**

Wenn Sie die Zehen nicht abziehen, sondern halbiert durchpressen, läßt sich die Presse im Nu reinigen. Und Sie haben das lästige Abziehen gespart.

## TORTELLINI MIT SCHINKEN-ERBSEN-SAHNE

■ 200 g Tortellini ■ Salz ■ 1/8 l Sahne ■ 1/2 Packung TK-Erbsen ■ 100 g magerer gekochter Schinken ■ 4 Eßl. frisch geriebener Parmesankäse ■ 1/2 Bund glatte Petersilie ■ etwas Cayennepfeffer ■ Kräutersalz ■ frisch gemahlener Peffer.

1 Die Tortellini in reichlich kochendem, leicht gesalzenem Wasser nach Anweisung auf der Packung garkochen.

2 Sahne, Erbsen und Schinken in eine Porzellanschüssel geben und auf dem Kochtopf über den Nudeln während der gesamten Garzeit erhitzen. Den geriebenen Käse einrühren.

3 Die Petersilie hacken und dazugeben. Mit Cayennepfeffer, Kräutersalz und Pfeffer würzen. Die fertigen Tortellini abgießen und sofort mit der Sahnesoße vermischen. Eine Minute ziehen lassen und auf Teller füllen.

20 Minuten

## NUDELN IN SAFRANSOSSE

*v*

■ 1 kleine Salatgurke ■ 2 Frühlingszwiebeln ■ 1 Teel. Butterschmalz ■ 200 g Bandnudeln ■ 1/8 l Sahne ■ 1 Päckchen Safran ■ 1 Eigelb ■ frisch gemahlener Pfeffer ■ Kräutersalz.

**1** Die Gurke schälen und in dünne Streifen schneiden. Frühlingszwiebeln in feine Ringe schneiden. Beides zugedeckt in Butterschmalz in etwa fünf Minuten glasig dünsten.

**2** Gleichzeitig die Bandnudeln in Salzwasser garkochen.

**3** Sahne und Safran zum Gemüse geben und offen eine Minute kochen. Vom Herd ziehen und das Eigelb unterrühren. Mit Pfeffer und Kräutersalz abschmecken.

**4** Die Nudeln abgießen, sofort mit der Safransahne mischen und auf zwei tiefe Teller verteilen.

*25 Minuten*

## SPAGHETTI MIT OLIVENPASTE

*v*

■ 200 g Spaghetti ■ Salz ■ 1 rote Peperoni ■ 1 Knoblauchzehe ■ 1/2 Bund glatte Petersilie ■ 2 Eßl. Olivenöl ■ 2 – 3 Eßl. Olivenpaste (gibt es in italienischen und türkischen Läden).

**1** Die Spaghetti in reichlich leicht gesalzenem Wasser kochen.

**2** In der Zwischenzeit die Peperoni entkernen und zusammen mit der Knoblauchzehe fein hacken. Petersilie hacken. In einer Pfanne Öl erhitzen und Peperoni, Petersilie und Knoblauch andünsten. Olivenpaste und fünf Eßlöffel vom Nudel-Kochwasser dazugeben.

**3** Die abgetropften Spaghetti sofort in die Pfanne geben und kräftig durchschwenken. Auf zwei Teller füllen.

*20 Minuten*

**Käse zum Reiben**

Hartkäse wie Parmesan, Pecorrino, gut gereifter Allgäuer Bergkäse und alter Gouda sind zum Würzen von Nudeln, Suppen, Soßen und Pizzen besonders gut geeignet. Dafür aber sparsam salzen! Um das Aroma zu bewahren, sollte der Käse möglichst immer frisch gerieben werden.

## FADENNUDELN MIT MOHN UND MANDELN

v

■ 200 g Fadennudeln ■ 50 g Mandelblättchen ■ 1 gehäufter Eßl. Mohn ■ 1 gehäufter Eßl. Butter ■ Kräutersalz ■ frisch gemahlener Pfeffer.

1 Die Nudeln in Salzwasser in ca. drei Minuten garkochen.

2 Inzwischen in einer Pfanne ohne Fett die Mandelblättchen anrösten, herausnehmen. Nun den Mohn kurz anrösten und die Butter dazugeben. Die Butter aufschäumen lassen.

3 Die Nudeln abtropfen lassen, mit den gerösteten Mandelblättchen sofort in die Pfanne geben, alles mit Kräutersalz und Pfeffer würzen, gut durchschwenken und auf zwei Teller füllen. Wer mag, reibt sich noch Parmesankäse darüber.

8-10 Minuten

**Dazu:** Grüner Salat mit Tomaten.

## NUDELN MIT SPINAT UND GORGONZOLA

v

■ 200 g Trenette-Nudeln (ganz schmale Bandnudeln) ■ 500 g frischer Spinat ■ 25 g Walnußkerne ■ 1/4 l Milch ■ 100 g Gorgonzola ■ Cayennepfeffer ■ Jodsalz.

1 Den Spinat putzen, die groben Stiele abbrechen, waschen und tropfnaß im geschlossenen Topf auf größter Schaltstufe zusammenfallen lassen. Zum Abtropfen auf ein Sieb geben.

2 Die Nudeln in Salzwasser in ca. sechs Minuten garkochen.

3 Die Walnußkerne einmal durchbrechen und ohne Fett in der Pfanne anrösten, herausnehmen. Milch in die Pfanne geben und aufkochen. Den Gorgonzola in Stücke schneiden und zufügen. Unter Rühren schmelzen lassen.

4 Den Spinat ausdrücken, etwas kleiner schneiden und unter die Käsesoße heben. Mit Cayennepfeffer und Salz würzen und abschmecken.

5 Die abgetropften Nudeln sofort in die Pfanne geben, gut vermischen und auf zwei Teller füllen. Mit Walnüssen bestreuen und sofort servieren.

15 Minuten

## NUDELN MIT KNOBLAUCH UND SARDELLEN

■ 200 g Spaghetti Nr. 3 (siehe Seite 76) ■ 1 Zwiebel ■ 2 Knoblauchzehen ■ 2 Bund glatte Petersilie ■ 2 Eßl. Öl ■ 1 Eßl. Butter ■ 4 Sardellenfilets oder 1 Teel. Sardellenpaste ■ frisch gemahlener Pfeffer ■ frisch geriebener Parmesankäse.

**1** Die Spaghetti in Salzwasser in ca. acht Minuten garkochen.

**2** Zwiebel würfeln, Knoblauchzehen hakken. Petersilie fein hacken, Sardellenfilets abspülen.

**3** Öl und Butter in einer Pfanne erhitzen. Zwiebeln und Knoblauch unter Wenden darin glasig und weich dünsten. Sardellenfilets dazugeben und darin auflösen lassen. Petersilie dazugeben und eine Minute mitdünsten.

**4** Die abgetropften Spaghetti sofort in die Pfanne geben. Alles gut vermischen und kräftig mit Pfeffer würzen. Sofort auf zwei Teller füllen. Parmesankäse reibt sich jeder selbst über die Nudeln.

10 Minuten

## TAGLIATELLE MIT LACHS

■ 200 g Tagliatelle ■ 200 g Lachsfilet ■ 4 Frühlingszwiebeln ■ 1 Teel. Butterschmalz ■ 1/2 Glas Weißwein ■ 1/8 l Schlagsahne ■ Jodsalz ■ frisch gemahlener Pfeffer ■ 2 Teel. rote getrocknete Pfefferkörner.

**1** Die Nudeln in Salzwasser in etwa acht Minuten garkochen.

**2** Inzwischen den Lachs in fingerdikke Würfel schneiden. Die Frühlingszwiebeln schräg in lange Scheiben schneiden.

**3** Butterschmalz in einer Pfanne erhitzen, Zwiebeln und Lachs darin eine Minute unter Wenden andünsten, aus der Pfanne nehmen. Den Wein in die Pfanne gießen und fast verdampfen lassen. Die Sahne angießen, mit Salz und Pfeffer würzen und alles einmal aufkochen.

**4** Die abgetropften Nudeln und den Lachs sofort in die Pfanne geben, gut durchschwenken und auf Teller füllen. Mit roten Pfefferkörnern bestreuen.

12-15 Minuten

Tagliatelle mit Lachs

# NUDELN MIT GEMÜSESUGO

v

■ 200 g Schmetterlingsnudeln ■ 1 rote oder gelbe Paprikaschote ■ 1 Zwiebel ■ 2 kleine Zucchini ■ 100 g Zuckerschoten (oder TK-Erbsen) ■ 1 Teel. Rosmarinnadeln ■ 6 frische Salbeiblätter ■ 1 Eßl. Öl ■ 1 Eßl. Butter ■ 1 Fleischtomate ■ Jodsalz ■ frisch gemahlener Pfeffer ■ alter Gouda oder Parmesankäse.

**1** Die Nudeln in Salzwasser in ca. zwölf Minuten garkochen.

**2** Paprikaschote mit einem Sparschäler schälen, entkernen und in feine Würfel schneiden. Zwiebel und Zucchini ebenfalls in feine Würfel schneiden. Zuckerschoten putzen und schräg in breite Streifen schneiden. Rosmarin und Salbei fein hacken.

**Paprika: feiner ohne Schale**

In guten Bistros und Restaurants werden Paprikas stets ohne Schale serviert. Der Grund: Die harte Schale ist schwer bekömmlich. Wenn die Paprikaschoten geröstet werden (im Backofen oder auf dem Grill), läßt sich die Schale abziehen; roh kann sie einfach mit einem scharfen Sparschäler dünn abgeschält werden. Übrigens werden in diesem Buch vorwiegend rote und gelbe Schoten verwendet; den Grünen fehlt die typische feine Süße: Sie sind noch unreif und nicht so bekömmlich.

**3** Öl und Butter in einer Pfanne erhitzen und das Gemüse und die Kräuter hineingeben. Unter gelegentlichem Wenden etwa fünf Minuten dünsten.

**4** Die Tomate grob darüberreiben (Schale bleibt zurück). Mit Salz und Pfeffer würzen. Alles offen schmoren, bis die Nudeln gar sind.

**5** Die abgetropften Nudeln in die Pfanne zum Sugo geben und alles noch eine Minute schmoren. Auf Teller füllen und geriebenen alten Gouda oder Parmesan dazu reichen.

10 Minuten

**Pesto auf Vorrat**

4 Bund Basilikum (etwa 200 g) waschen, trockenschleudern und grob zerschneiden. 4 Eßl. Pinienkerne (etwa 60 g) in einer Pfanne ohne Fett anrösten. Etwa 100 g Parmesankäse klein schneiden; 4 Knoblauchzehen abziehen und klein schneiden. Mit 1 Teel. grobem Meersalz alles in einen Mixer geben. Bei laufendem Schneidmesser 1/4 l Olivenöl in dünnem Strahl dazugeben. So lange pürieren, bis alles fein zerkleinert ist. Das Pesto in ein Schraubdeckelglas füllen und mit Olivenöl bedecken. Im Kühlschrank aufheben. Für Nudelgerichte: Pesto mit etwas Kochwasser verrühren. Pesto schmeckt nicht nur zu Nudeln, sondern ebenso zu rohem Fleisch (Carpaccio vom Rind oder Kalb), zu pochiertem Fisch sowie zu Gemüsesuppen.

## SCHARFE SPAGHETTI MIT CHILISCHOTE

v

■ 200 g Spaghetti Nr. 1 (siehe Seite 76) ■ 1 kleine rote scharfe Chilischote (evtl. nur 1/2 Schote) ■ 3 – 4 Knoblauchzehen ■ 1 Eßl. gehackte Petersilie ■ 4 Eßl. Olivenöl.

**1** Salzwasser zum Kochen bringen und die Spaghetti in ca. drei Minuten darin garkochen.

**2** Die Chilischote entkernen, klein schneiden und hacken, Knoblauch in sehr dünne Scheiben schneiden, Petersilie hacken.

**3** Öl in einer Pfanne erhitzen, Knoblauch und Chilischote solange darin braten, bis die Knoblauchscheiben goldbraun sind. Mit etwa drei Eßlöffeln Nudelwasser ablöschen und kurz schmoren.

**4** Die abgetropften Spaghetti in die Pfanne geben und gut durchmischen. Petersilie dazugeben und sofort auf Teller füllen. Zu diesem Nudelgericht gehört ausnahmsweise kein geriebener Käse.

10 Minuten

## BANDNUDELN MIT SCAMPI

■ 200 g Bandnudeln ■ 250 g Scampi (roh, mit Schale) ■ 2 Schalotten ■ 1 Eßl. Butterschmalz ■ 1 Teel. Tomatenmark ■ 1 Glas Weißwein ■ 1/8 l Sahne ■ Jodsalz ■ Cayennepfeffer ■ Basilikum.

**1** Die Nudeln in Salzwasser in ca. acht Minuten garkochen.

**2** Die Scampi aus den Schalen lösen, am Rücken entlang einen Millimeter tief einschneiden und den dann sichtbaren Darm entfernen. Scampi abspülen und bis auf vier Stück alle klein schneiden. Schalotten fein würfeln.

**3** Butterschmalz in einer Pfanne erhitzen und die Schalotten darin glasig dünsten. Kleingeschnittene und ganze Scampi in die Pfanne geben und unter Wenden eine Minute andünsten. Tomatenmark dazugeben und kurz mitdünsten. Mit Wein ablöschen und eine Minute einkochen.

**4** Die ganzen Scampi herausnehmen und beiseite legen. Die Sahne in die Pfanne geben und unter Rühren aufkochen. Mit Salz und Cayennepfeffer würzen.

**5** Die abgetropften Nudeln sofort in die Pfanne geben. Alles eine Minute schmoren und gut durchheben. Auf zwei Teller füllen und mit den ganzen Scampi und Basilikumblättern anrichten.

15 Minuten

## SPAGHETTI MIT KAPERN UND BASILIKUM

v

■ 8 Eßl. abgezogene Tomaten in Stücken (aus der Packung) ■ 2 Knoblauchzehen ■ 1/2 Teel. Cayennepfeffer ■ 1 kleines Glas Kapern (35 g) ■ 4 Eßl. Olivenöl ■ Salz ■ 200 g Spaghetti Nr. 1 (siehe Kasten) ■ einige Basilikumblätter ■ Parmesankäse.

**1** Salzwasser zum Kochen aufsetzen.

**2** Tomatenstücke, durchgepreßte Knoblauchzehe, Cayennepfeffer, Kapern und Olivenöl in einer Schüssel verrühren, mit Salz abschmecken.

**3** Spaghetti ins kochende Wasser geben und nur drei Minuten kochen. Die Schüssel mit der Soße während der Kochzeit oben auf den Topf setzen.

**4** Spaghetti abgießen und abgetropft sofort unter die Tomaten heben. Basilikumblätter mit einer Schere darüberschneiden, Parmesan darüberreiben.

15 Minuten

**Spaghetti**

Italienische Spaghetti gibt es in verschiedenen Stärken. Sie sind auf den Packungen mit Nummern ausgewiesen. Bei uns werden meistens Nr. 3 und Nr. 5 angeboten. In italienischen Lebensmittelgeschäften findet man meistens die ganze Palette. Die Sorte Nr. 1 ist besonders dünn und schon nach drei Minuten gar.

## EIN PAAR SCHNELLE NUDEL-IDEEN

■ Etwa 60 g Butter hellbraun werden lassen, über die heißen Nudeln gießen und mit etwa 50 g Parmesankäse vermischen.

■ 100 g gekochten Schinken in sehr feine Streifen schneiden und mit etwa 4 Eßl. frisch geriebenem Parmesankäse in 1/8 l heiße Sahne rühren. Reichlich pfeffern und unter die abgetropften Spaghetti mischen.

■ Etwa 50 g Parmaschinken oder luftgetrockneten mageren Speck fein würfeln und mit Zwiebelwürfeln in Öl braun braten. 1 Eßl. Butter dazugeben und unter heiße Spaghetti mischen, Parmesan dazugeben.

■ 3 Eßl. Öl erhitzen und reichlich gehackten Knoblauch darin anrösten; 1 bis 2 Eßl. Tomatenmark dazugeben und unter Rühren kurz erhitzen. Mit etwas Nudelwasser ablöschen, reichlich gehackte Petersilie dazugeben und unter die heißen Spaghetti mischen.

■ 300 g Austernpilze in schmale Streifen zupfen und mit reichlich Zwiebelwürfeln in heißer Butter braten. Gut pfeffern und etwas Knoblauch darüberpressen. Mit 1/8 l Sahne und 1 bis 2 Eßlöffel Weinbrand ablöschen, mit Salz abschmecken. Mit Bandnudeln vermischen.

jeweils 15 Min.

## KÜRBIS-RISOTTO

*v*

■ 400 g Kürbisfleisch ■ 1/2 Bund glatte Petersilie ■ 2 Teel. Butterschmalz ■ 1/8 l trockener Cidre (oder Weißwein) ■ Salz ■ frisch gemahlener Pfeffer ■ 1 große Zwiebel ■ 100 g Avorioreis (oder Risottoreis) ■ 1/4 l Gemüsebrühe ■ 1 Eßl. Butter ■ etwa 4 Eßl. frisch geriebener Parmsankäse.

**1** Das Kürbisfleisch in etwa zwei Zentimeter große Stücke schneiden. Petersilie hacken. Einen Teelöffel Butterschmalz in einem flachen, breiten Topf erhitzen und den Kürbis kurz darin andünsten. Mit Cidre ablöschen und mit Petersilie, Salz und Pfeffer würzen. Zugedeckt etwa zehn Minuten dünsten.

**2** Die Zwiebel abziehen, würfeln und in einer tiefen Pfanne im restlichen Butterschmalz weichdünsten. Den Reis dazugeben und eine Minute andünsten. Mit der Kürbisflüssigkeit ablöschen und bei mittlerer Hitze etwa 20 Minuten köcheln lassen – dabei unter häufigem Umrühren nach und nach die Brühe zugießen. Das Kürbisfleisch dazugeben.

**3** Kurz vor dem Servieren Butter und Parmesankäse darunterrühren.

*40 Minuten*

## PILZ-RISOTTO

*v*

■ 250 g Austernpilze ■ 1 Zwiebel ■ 2 Eßl. Pinienkerne ■ 1 1/2 Eßl. Butterschmalz ■ 125 g Risottoreis ■ 1/2 l Gemüsebrühe (Instant) ■ Kräutersalz ■ frisch gemahlener Pfeffer ■ 1/8 l Sahne ■ Parmesankäse im Stück.

**1** Die Austernpilze putzen und eventuell bei größeren Exemplaren den Stielansatz abschneiden. Die Pilze in schmale Streifen zupfen. Die Zwiebel würfeln.

**2** Die Pinienkerne ohne Fett in einer Pfanne goldbraun rösten, herausnehmen. Die Hälfte der Butter in die Pfanne geben und die Zwiebel darin andünsten. Den Reis dazugeben und zwei Minuten mitdünsten. Etwas Brühe angießen, unter Rühren zum Kochen bringen. Dann nach und nach die Brühe zufügen, immer rühren und sanft köcheln lassen.

**3** Inzwischen in einer anderen Pfanne die Austernpilze in der restlichen Butter etwa drei Minuten braten, mit Kräutersalz und Pfeffer würzen, mit Sahne ablöschen.

**4** Die Sahnepilze unter den Reis rühren und noch etwa zwei Minuten schmoren. Mit Pinienkernen bestreut servieren. Parmesankäse reibt sich jeder selbst über das Risotto.

*35 Minuten*

## POLENTA-GRUNDREZEPT

für 6 bis 8 Personen als Beilage

V

- 1 Packung Polenta (grober Maisgrieß, 300 g) ■ 1 1/2 l Gemüsebrühe (Instant) ■ 1 Eßl. Butter.

Brühe mit Butter aufkochen. Den Grieß einrieseln lassen und dabei verrühren. Polenta auf kleiner Hitze unter ständigem Rühren solange weiterkochen, bis sich der Brei vom Topfrand löst.

15 Minuten

**Polenta**

paßt heiß als Beilage zu Schmorfleisch mit viel Soße, z. B. zu Gulasch, Kaninchen oder Osso Buco. Oder Sie füllen die heiße Polenta in eine Kastenform, streichen sie glatt und lassen sie fest werden. Abgekühlt hält sie sich so im Kühlschrank etwa zehn Tage. Nach und nach können Sie sie dann für schnelle kleine Gerichte verwenden. Achten Sie beim Einkauf darauf, daß Sie Vollkorn-Polenta bekommen. Sie ist gröber, schmackhafter und gehaltvoller als der feinere Maisgrieß, aus dem das Öl ausgepreßt wurde. Vollkorn-Polenta bekommen Sie in Grünen Läden oder Reformhäusern.

## POLENTA-VARIANTEN

V

### Polenta mit Tomate und Käse

■ Für 2 Portionen die Hälfte der gekochten Polenta (Grundrezept) in zwei kleine Gratinformen füllen. 4 kleine Tomaten grob zerschneiden und daraufgeben. Je 50 g Feta und Schnittkäse grob reiben, mischen und darüberstreuen, ein paar Butterflöcken daraufsetzen. Bei 250 Grad etwa 15 Minuten im Ofen backen. Mit Petersilie bestreuen

### Polenta überbacken

■ Pro Person 3 daumendicke Polenta-Scheiben aus dem Vorrat abschneiden und nebeneinander in eine feuerfeste Form legen. Dick mit frisch geriebenem Parmesankäse bestreuen und mit Butterflöckchen belegen. Unter dem Grill goldbraun überbacken. Dazu Salat.

### Polenta mit Austernpilzen

■ Pro Person 2 dicke Polenta-Scheiben aus dem Vorrat in heißer Butter in einer beschichteten Pfanne braun braten. 3 Frühlingszwiebeln klein schneiden und mit 250 g Austernpilzen in Butter dünsten. Salzen, pfeffern und mit Sahne ablöschen. Knoblauch darüberpressen und zur Polenta geben. Mit Petersilie bestreuen.

jeweils 20 Min.

**Polenta mit Tomate und Käse**

Spargel
mit Aioli:
Rezept siehe
Seite 82.

# Gemüsegerichte

## SPARGEL MIT AIOLI

Foto Seite 80 v

■ 750 g weißer oder grüner Spargel ■ etwas Salz und Zucker ■ 300 g kleine Kartoffeln ■ 2 Eßl. Mayonnaise ■ 2 Eßl. Crème fraîche ■ 2 – 3 Knoblauchzehen ■ Cayennepfeffer ■ 1/2 Bund glatte Petersilie ■ etwas Zitronensaft ■ 100 g schwarze oder grüne Oliven.

**1** Den Spargel schälen. In wenig Salzwasser mit einer Prise Zucker in etwa 15 Minuten garkochen. Kartoffeln ungeschält gar kochen, anschließend mit kaltem Wasser abschrecken und pellen.

**2** Aioli: Mayonnaise und Crème fraîche in eine Schüssel geben. Knoblauch darüberpressen, Salz, Cayennepfeffer und gehackte Petersilie darunterrühren. Mit Zitronensaft abschmecken.

**3** Spargel und die gepellten Kartoffeln auf Tellern anrichten, Oliven und Aioli in Schälchen danebenstellen.

20 Minuten

**Abwandlung:** Statt fertiger Mayonnaise können Sie auch eine weiche Avocado pürieren und damit das Aioli zubereiten.

## SPARGEL-OMELETT

■ 500 g weißer Spargel (kann zweite Wahl sein) ■ 4 kleine Eier ■ 2 Eßl. Sojasoße ■ Salz ■ frisch gemahlener Pfeffer ■ 2 Eßl. Mineralwasser ■ 1 Eßl. Butter ■ 150 g geräucherte Putenbrust.

**1** Den Spargel schälen und in kochendem Salzwasser zwölf Minuten garen. Abtropfen lassen.

**2** Die Eier mit Sojasoße, etwas Salz, Pfeffer und Mineralwasser verschlagen. Die Butter in zwei Pfannen aufschäumen lassen. Die Eimasse hineingießen, so daß der Pfannenboden gerade bedeckt ist und das Ei sofort stockt.

**3** Die Omeletts aus der Pfanne auf Teller gleiten lassen. Putenbrustfleisch und Spargel daraufgeben, eine Omeletthälfte überschlagen. Mit Schnittlauch bestreut servieren.

30 Minuten

**Dazu:** Vollkornbrot oder heiße Pellkartoffeln.

**Spargel-Omelett**

## GRÜNER SPARGEL IN VINAIGRETTE

v

■ 750 g grüner Spargel ■ 2 Eier ■ 1 Schalotte ■ 4 Eßl. Weißweinessig ■ 1 Teel. Dijonsenf ■ 1/4 Teel. Zucker ■ 1 Prise Salz ■ frisch gemahlener Pfeffer ■ 6 Eßl. Olivenöl ■ 1/2 Bund Schnittlauch.

**1** Das untere Drittel der Spargelstangen schälen. Den Spargel in kochendes Salzwasser geben und in etwa 12 bis 15 Minuten garkochen. Die Eier in zehn Minuten hartkochen, abschrecken, pellen und etwas abkühlen lassen.

**2** Schalotte hacken und mit Essig, Senf, Zucker, Salz und Pfeffer verrühren, das Öl zum Schluß darunterschlagen.

**3** Den Spargel abtropfen lassen und auf eine Platte legen, mit der Vinaigrette beträufeln. Schnittlauch in Röllchen schneiden, Eier grob hacken. Beides über den Spargel streuen.

**Dazu:** 100 g Krabben, Räucherlachs oder Bündner Fleisch und Baguette.

15 Minuten

**Grünen Spargel schälen**

Die dünnen grünen Spargelstangen brauchen Sie im Gegensatz zu den dickeren weißen Stangen nur wenig zu schälen. Nur das untere Drittel hat eine harte Schale, die man mit dem Sparschäler entfernt.

## SPARGEL MIT KAVIARSOSSE UND BLÄTTERTEIG

■ 750 g weißer Spargel ■ 2 Eßl. Zitronensaft ■ je 1 Prise Salz, Pfeffer und Zucker ■ 2 Scheiben TK-Blätterteig ■ 1/4 Teel. Speisestärke ■ 4 Eßl. Sahne ■ 1 Eigelb ■ 100 g Kaviar von der Lachsforelle ■ 1 Eßl. gehackte Petersilie.

**1** Den Backofen auf 225 Grad vorheizen. Spargel waschen und schälen. Einen Viertelliter Wasser mit Zitronensaft, Salz, Pfeffer und Zucker aufkochen. Den Spargel hineingeben. Zugedeckt 20 Minuten kochen lassen.

**2** In der Zwischenzeit die aufgetauten Blätterteigscheiben in je drei Dreiecke schneiden. Auf Backtrennpapier legen, in den vorgeheizten Backofen schieben und in etwa 15 Minuten goldbraun backen.

**3** Den Spargel mit der Schaumkelle herausheben und warm stellen. Den Spargelsud offen etwas einkochen. Speisestärke und Sahne verrühren, unter den Spargelsud rühren, aufkochen, vom Herd nehmen und das Eigelb darunterschlagen. Mit Salz abschmecken.

**4** Spargel auf Tellern anrichten. Die Soße drumherum gießen und den Kaviar auf die Portionen verteilen. Blätterteig daneben anrichten. Mit Petersilie bestreuen.

40 Min., davon 15 Min. Garzeit

**Spargel mit Kaviarsoße und Blätterteig**

## KARTOFFELGRATIN MIT BACON

■ Je 250 g Kartoffeln und Süßkartoffeln ■ 1 große Zwiebel oder 2 Schalotten ■ 1 Eßl. Butterschmalz ■ 1 Knoblauchzehe ■ 1 Becher Sahne (150 g) ■ Cayennepfeffer ■ Salz ■ 4 Scheiben Bacon ■ etwas Parmesankäse.

**1** Beide Kartoffelsorten schälen und in sehr dünne Scheiben hobeln. Eine Gratinform (26 Zentimeter Ø) fetten, die Kartoffeln mischen und hineingeben.

**2** Den Backofen auf 200 Grad vorheizen. Zwiebel würfeln und in einer Pfanne in Butterschmalz glasig dünsten, Knoblauch darüberpressen. Die Sahne angießen, mit Cayennepfeffer und Salz würzen, einmal aufkochen und über die Kartoffeln in die Form gießen. Den Bacon in Streifen schneiden und darüber verteilen, etwas Parmesankäse darüberreiben.

**3** Die Form in den Backofen schieben und die Kartoffeln 30 Minuten backen.

40 Min., davon
30 Min. Garzeit

**Abwandlung:** Vegetarier können den Bacon weglassen, dafür das Gratin mit Mandelblättchen bestreuen.

**Tip:** Das Kartoffelgratin paßt auch gut als Beilage zu gebratenem Fleisch, zum Beispiel zu gebratener Entenbrust. Es reicht dann für vier Personen.

## FRÜHLINGS-PÜREE MIT KRABBEN

■ 500 g neue Kartoffeln ■ 1/2 Bund Petersilie ■ 1 Bund Frühlingszwiebeln ■ knapp 1/4 l Milch ■ 2 Eßl. Butter ■ Kräutersalz ■ frisch gemahlener Pfeffer ■ 200 g Tiefsee- oder Nordseekrabben.

**1** Die Kartoffeln schälen und mit wenig Wasser zugedeckt garkochen.

**2** Inzwischen die Petersilie hacken und die Frühlingszwiebeln putzen, waschen und klein schneiden. Die Zwiebeln in der Milch zehn Minuten köcheln lassen. Die Milch durch ein Sieb gießen. Die Kartoffeln abgießen und mit der Milch zu einem lockeren Püree verarbeiten. Die Hälfte der Butter und die Zwiebeln dazugeben. Mit Salz und Pfeffer würzen.

**3** Das Püree in zwei Portionen aufteilen, in die Mitte eine Mulde drücken und je einen Teelöffel Butter hineingeben. Krabben und Petersilie darüberstreuen.

30 Minuten

**Süßkartoffeln**

(auch Bataten genannt) kommen aus Südamerika und werden immer häufiger bei uns angeboten. Sie schmecken sehr süß und werden deswegen hier mit unseren Kartoffeln vermischt. Bacon und Parmesan bringen den Pfiff. Man kann gekochte Süßkartoffeln auch kurz in Butter, Salz, Pfeffer und Limettensaft schwenken. Oder roh essen: klein gewürfelt unter Blattsalat gemischt.

## SPARGEL ÜBERBACKEN

■ 750 g Spargel (grün oder weiß) ■ Salz ■ Zucker ■ 50 g Parmaschinken ■ frisch gemahlener Pfeffer ■ 150 g Mozzarella ■ Parmesankäse.

**1** Den Spargel schälen und in leicht gesalzenem Wasser mit einer Prise Zucker in etwa 15 Minuten garkochen. Abtropfen lassen und in eine oder zwei flache feuerfeste Formen legen. Den Grill vorheizen.

**2** Die Schinkenscheiben über die Mitte der Spargelstangen legen, Pfeffer darübermahlen. Mozzarella in nicht zu dünne Scheiben schneiden und darüberlegen. Etwas Parmesan darüberreiben.

**3** Die Form unter den Grill schieben und etwa fünf Minuten überbacken.

30 Minuten

**Dazu:** Baguette.

**Abwandlung:** Statt Spargel kleine zarte Möhren und Selleriestangen garen und wie angegeben mit Schinken und Mozzarella überbacken.

## KARTOFFEL-KRAUT-KÜCHLEIN

■ 2 kleine Eier ■ Kräutersalz ■ frisch gemahlener Pfeffer ■ 100 g frisches Sauerkraut ■ 2 große Kartoffeln ■ 1 Eßl. Butterschmalz ■ 2 – 4 Eßl. Crème fraîche ■ 100 g geräucherter Lachs ■ 50 g Lachskaviar.

**1** Eier mit Salz und Pfeffer verrühren. Sauerkraut ausdrücken, mit einer Küchenschere klein schneiden und dazugeben.

**2** Kartoffeln schälen, waschen, trocknen und sofort grob in die Schüssel mit den Eiern reiben und alles vermischen.

**3** In einer großen Pfanne in heißem Butterschmalz portionsweise acht kleine flache Küchlein braten. Mit Crème fraîche, geräuchertem Lachs und Lachskaviar anrichten.

20 Minuten

**Abwandlung:** Das Sauerkraut können Sie durch Möhren, Zucchini, Süßkartoffeln, Sellerie oder Teltower Rübchen ersetzen. Wichtig: Das Gemüse immer fein reiben, damit es in der kurzen Bratzeit gar wird.

## MÖHREN-KARTOFFEL-GRATIN

■ Je 250 g Möhren und Kartoffeln ■ 1 Eßl. Butterschmalz ■ Kräutersalz ■ 150 g gekochter Schinken ■ 5 Eßl. Sahne ■ 2 Eßl. Semmelbrösel ■ 2 Eßl. frisch geriebener Parmesankäse.

**1** Möhren und Kartoffeln schälen und in Scheiben schneiden. Butterschmalz im Topf erhitzen, das Gemüse hineingeben. Etwa fünf Eßlöffel Wasser dazugeben. Den Topf gut schließen und das Gemüse bei mittlerer Hitze etwa zehn Minuten garen, mit Kräutersalz würzen.

**2** Das Gemüse in zwei Gratinformen füllen. Schinken würfeln und unterheben.

**3** Sahne mit Semmelbrösel und Parmesankäse verrühren und darüber verteilen.

**4** Die Form unter den vorgeheizten Grill schieben und sechs bis zehn Minuten überbacken, bis die Käsemasse goldgelb geworden ist.

25 Minuten

**Abwandlung:** Den Schinken können Sie auch weglassen und stattdessen zwei Eßlöffel Crème fraîche unter das Gemüse heben.

## BUNTES SCHMORGEMÜSE

V

■ 250 g Kartoffeln ■ je 1 rote und gelbe Paprikaschote ■ 1 große Gemüsezwiebel (300 g) ■ 250 g vollreife Tomaten ■ Salz ■ Pfeffer ■ 1 Teel. Rosmarinnadeln ■ 4 Eßl. Olivenöl ■ Saft von einer Orange ■ 30 g Kapern.

**1** Kartoffeln schälen und in kleine Würfel schneiden. Paprikaschoten mit einem Sparschäler schälen, putzen, waschen und würfeln, Zwiebel abziehen und ebenfalls würfeln. Die Tomaten überbrühen und abziehen; in Scheiben schneiden.

**2** Das Gemüse ohne die Tomaten in einen Topf geben, mit Salz, Pfeffer, gehacktem Rosmarin und Olivenöl vermischen. Die Tomaten obendrauf legen. Orangensaft angießen.

**3** Den Topf verschließen, drei Minuten bei größter Schaltstufe erhitzen, dann bei mittlerer Hitze etwa 20 Minuten schmoren. Die Kapern darüberstreuen.

40 Minuten

**Tip:** Am besten schmeckt das Gemüse, wenn es lauwarm abgekühlt ist. An heißen Tagen können Sie es auch kalt servieren. Noch gehaltvoller wird es, wenn Sie milden, frischen Ziegen- oder Schafkäse darüberreiben: ein herrliches Sommeressen für Vegetarier.

**Buntes Schmorgemüse**

## KARTOFFEL-SELLERIE-GRATIN

v

■ 1 Sellerieknolle (etwa 500 g) ■ 500 g Kartoffeln ■ Salz ■ frisch gemahlener Pfeffer ■ 1 Bund Schnittlauch ■ 1 Becher saure Sahne (150 g) ■ 75 g geriebener Emmentaler.

**1** Sellerie und Kartoffeln schälen und in gleich große Würfel schneiden. Beides zusammen in wenig leicht gesalzenem Wasser in etwa 12 bis 15 Minuten garkochen. Dann den Backofen auf 200 Grad vorheizen.

**2** Das Gemüse auf zwei Gratinformen verteilen. Pfeffer darübermahlen, Schnittlauch mit einer Schere darüberschneiden.

**3** Saure Sahne in Flöckchen daraufsetzen, den geriebenen Käse darüberstreuen.

**4** Die Formen in den Backofen schieben und 15 Minuten backen.

30 Min., davon
15 Min. Garzeit

**Tip:** In der Mikrowelle bei 600 Watt beide Portionen nebeneinander sechs Minuten backen.

## PELLKARTOFFELN MIT SPECK UND SCHMAND

■ 600 g Kartoffeln ■ 100 g durchwachsener Speck ■ 2 Zwiebeln ■ 1 Teel. Butter ■ 150 g Schmand ■ 150 g saure Sahne ■ frisch gemahlener Pfeffer ■ Salz ■ Schnittlauch.

**1** Kartoffeln in der Schale weichkochen. Kurz mit kaltem Wasser abschrecken und pellen. Heiß halten.

**2** Inzwischen Speck und Zwiebeln würfeln. Speckwürfel in einer Pfanne ausbraten. Zwiebelwürfel und Butter dazugeben und goldgelb braten.

**3** Schmand und saure Sahne verrühren, dann die Hälfte der Speckmischung darunterrühren. Mit Pfeffer würzen, mit Salz abschmecken.

**4** Pellkartoffeln mit der Specksoße anrichten, die restlichen Speckwürfel darüberstreuen. Schnittlauch mit einer Schere darüberschneiden.

30 Minuten

**Tip:** Kaufen Sie möglichst gute Kartoffeln! Am besten schmecken Bio-Kartoffeln der Sorte Linda.

## SPITZKOHL-KARTOFFEL-GRATIN

■ 1 Spitzkohl ■ Salz ■ 250 g Kartoffeln ■ 200 g Kasseler-Aufschnitt ■ Fett für die Form ■ Salz ■ Pfeffer ■ Muskat ■ 2 Eßl. Schmand ■ etwas Schnittlauch ■ 50 g geriebener Käse (z. B. Edamer).

1 Spitzkohl putzen, waschen und in breite Streifen schneiden. In kochendes Salzwasser geben und in etwa zehn Minuten garkochen. Abtropfen lassen. Kartoffeln mit der Schale kochen und abgießen. Kurz mit kaltem Wasser bedecken, dann die Schale abpellen.

2 Kasseler in Streifen schneiden und zwei Auflaufformen fetten. Kartoffeln, Kasseler und Kohl einschichten, mit Salz, Pfeffer und Muskat würzen. Schmand, Schnittlauch und Käse obendrüber geben.

3 Im Backofen bei 200 Grad etwa 20 Minuten gratinieren.

40 Min., davon 20 Min. Garzeit

**Abwandlung:** Der zarte Spitzkohl hat nur im frühen Sommer Saison. Ist er nicht zu bekommen, können Sie auch Wirsing oder Weißkohl nehmen. Wichtig: Kohl immer garkochen, nur dann schmeckt er gut und ist bekömmlich. Und: Vegetarier lassen das Kasseler einfach weg.

**Tip:** In der Mikrowelle bei 600 Watt vier oder fünf Minuten garen.

## RATATOUILLE NIÇOISE

V

■ 1 kleine Aubergine ■ 2 kleine Zucchini ■ Salz ■ 1 Fleischtomate ■ 1 rote oder gelbe Paprikaschote ■ 1 Gemüsezwiebel ■ 2 Knoblauchzehen ■ 3 Eßl. Öl ■ frisch gemahlener Pfeffer ■ 4 Eßl. Weißwein (oder 2 Eßl. Zitronensaft) ■ 50 g Kürbiskerne ■ 1 Becher Crème fraîche.

1 Das Gemüse putzen und waschen. Aubergine und Zucchini in Scheiben schneiden und mit Salz bestreut 20 Minuten „schwitzen" lassen. Die Tomate überbrühen, abziehen und die Paprikaschoten grob würfeln. Zwiebel in Streifen, Knoblauchzehen in Scheiben schneiden.

2 Öl im Topf erhitzen und Zwiebel und Knoblauch darin andünsten. Auberginen und Zucchini abspülen und trockentupfen. Alles in einen Topf schichten, dabei jede Schicht leicht salzen und pfeffern. Weißwein dazugeben. Den Topf gut verschließen und alles bei mittlerer Hitze etwa 50 Minuten schmoren.

3 Kürbiskerne ohne Fett in einer Pfanne rösten. Zum Anrichten das Gemüse in eine Schüssel füllen, darauf etwas Crème fraîche geben und alles mit Kürbiskernen bestreuen.

1½ Stunden, davon 50 Min. Garzeit

**Dazu:** Brot.

## BOUILLONGEMÜSE MIT HACKBÄLLCHEN

■ 1 Bund Suppengrün ■ 4 mittelgroße Kartoffeln ■ 1 Kohlrabi ■ 1/2 l Gemüsebrühe (Instant) ■ 200 g Rinderhack ■ 1 Teel. Senf ■ Salz ■ Pfeffer ■ 1 Ei ■ 1 Eßl. Semmelbrösel ■ 2 Eßl. Crème fraîche ■ 1/2 Knoblauchzehe ■ 1/2 Bund Schnittlauch.

**1** Das Suppengrün putzen, waschen und würfeln, Kartoffeln und Kohlrabi schälen und würfeln. Alles mit der Gemüsebrühe zum Kochen bringen. Zehn Minuten sanft köcheln lassen.

**2** Inzwischen das Hackfleisch mit Senf, Salz, Pfeffer, Ei und Semmelbrösel vermischen. Walnußgroße Bällchen formen. In siedendem Salzwasser so lange garziehen lassen, bis sie oben schwimmen.

**3** Bouillongemüse und Hackfleischbällchen auf Teller füllen. Crème fraîche mit Salz und durchgepreßtem Knoblauch würzen. Etwa zwei Eßlöffel davon auf jede aufgefüllte Portion geben. Mit Schnittlauch bestreuen.

30 Minuten

## GEFÜLLTE PAPRIKASCHOTEN

■ 8 kleine zartgrüne Paprikaschoten (gibt es z. B. in türkischen Lebensmittelgeschäften) ■ 250 g Rinderhack ■ 30 g Reis ■ 1 Eßl. Butter ■ Salz ■ 1 Teel. Paprika ■ Pfeffer ■ 1 kleine Zwiebel ■ je 1 Eßl. gehackte Petersilie und Dill ■ 2 Tomaten ■ 1/8 l Rindfleischbrühe (Instant).

**1** In die länglichen, spitz zulaufenden Paprikaschoten einen Schlitz schneiden und die Kerne und weißen Trennwände herauslösen. Die Schoten waschen.

**2** Das Hack in einem Topf mit vier Eßlöffeln Wasser unter Rühren aufkochen. Reis, Butter, Salz, Paprika, Pfeffer, fein gehackte Zwiebel und Kräuter unter das Hackfleisch rühren, abschmecken.

**3** Die Schoten damit füllen und nebeneinander in eine flache feuerfeste Form setzen. Jede Schote mit einer Tomatenscheibe belegen. Die Brühe angießen und die Schoten bei 200 Grad etwa 40 Minuten backen.

50 Min., davon
40 Min. Garzeit

**Tip:** Die gefüllten Paprikaschoten schmecken warm oder kalt. Man kann sie also auch mitnehmen – zum Picknick oder ins Büro.

Gefüllte Paprikaschoten

## MÖHREN MIT HIRSE

v

■ 250 g junge Möhren ■ 1 Peperoni ■ 1 große Zwiebel ■ 2 Eßl. Öl ■ 1 Knoblauchzehe ■ 100 g Hirse ■ Saft von 1 Saftorange ■ 1/4 l Gemüsebrühe (Instant) ■ 2 Eßl. Sesamsamen ■ 1 Becher Sahne-Joghurt (150 g) ■ Salz ■ frische Minze.

1 Die Möhren schälen, waschen und in Stifte schneiden. Peperoni halbieren, entkernen und hacken. Zwiebel würfeln.

2 Öl in einer Pfanne mit Deckel erhitzen. Peperoni und Zwiebel glasig dünsten, Knoblauchzehe ungeschält halbieren und darüberpressen. Möhrenstifte und Hirse dazugeben und verrühren.

3 Orangensaft mit Brühe angießen. Zugedeckt etwa 20 Minuten garen.

4 Inzwischen Sesamsamen ohne Fett in der Pfanne rösten. Joghurt verrühren. Möhrenhirse mit Salz abschmecken und auf Teller füllen. Joghurt in die Mitte daraufgeben, Sesam darüberstreuen. Minzeblätter mit einer Schere darüberschneiden.

30 Minuten

## GEMÜSE MIT KÄSE UND KERBEL

v

■ Je 250 g junge Möhren und neue kleine Kartoffeln ■ Salz ■ 100 g Gouda ■ 50 g Kerbel ■ 1 – 2 Eßl. Butter.

1 Möhren und Kartoffeln gründlich bürsten, dann mit einem rauhen Schwamm die Schale abreiben. Beides in große Stücke schneiden und zusammen in leicht gesalzenem Wasser garkochen.

2 In der Zwischenzeit den Käse grob reiben und den Kerbel hacken. Eine Porzellanschüssel im Backofen bei 100 Grad erwärmen.

3 Kartoffeln und Möhren abgießen, Butter zugeben und durchschwenken. Das Gemüse abwechselnd mit Kerbel und Käse in die Schüssel schichten. Die Schüssel für fünf Minuten in den Backofen schieben, damit der Käse schmilzt.

20 Minuten

**Dazu:** Katenschinken oder geräucherte Putenbrust.

**Gemüse mit Käse und Kerbel**

## AUBERGINEN-ROULADEN

■ 2 große längliche Auberginen ■ Salz ■ 4 Eßl. Öl ■ 1 kleine Dose geschälte Tomaten ■ 1 Knoblauchzehe ■ frisch gemahlener Pfeffer ■ 150 g Mozzarella ■ 4 Scheiben gekochter Schinken ■ 2 Eßl. Crème fraîche ■ etwas geriebener Käse (z. B. Edamer, Emmentaler, Parmesankäse).

**1** Die Auberginen längs in acht ca. einen halben Zentimeter dicke Scheiben schneiden und mit Salz bestreuen; etwa 20 Minuten Wasser ziehen lassen. Danach abspülen und gut trockentupfen.

**2** Den Backofen auf 225 Grad vorheizen. Öl in einer beschichteten Pfanne erhitzen und die Auberginenscheiben darin beidseitig hellbraun braten. Anschließend auf Küchenkrepp abtropfen lassen. Tomaten abtropfen lassen, etwas zerkleinern und mit durchgepreßter Knoblauchzehe, Salz und Pfeffer würzen. Mozzarella in acht dünne Scheiben schneiden.

**3** Jeweils zwei Auberginenscheiben dicht nebeneinander legen und mit einer Schinkenscheibe und zwei Mozzarellascheiben belegen; leicht salzen, pfeffern und aufrollen.

**4** Zwei feuerfeste Formen einfetten. Je zwei Rollen nebeneinander hineinlegen und die Tomatenstücke drumherum verteilen. Je einen Eßlöffel Crème fraîche und etwas geriebenen Käse auf die Rollen geben. In den Backofen schieben und mindestens 25 Minuten backen.

45 Min., davon
25 Min. Garzeit

**Dazu:** Baguette.

**Tip:** Die Rouladen können Sie für Gäste schon Stunden vorher oder sogar am Vorabend fertig vorbereiten. Sie brauchen dann nur noch gebacken zu werden. Die Zutaten einfach entsprechend der Personenzahl vervielfachen. In der Mikrowelle beide Portionen bei 600 Watt etwa acht Minuten backen. Wer einen integrierten Grill hat, schaltet ihn dazu.

Auberginen-Rouladen

## SPINAT: GRUNDREZEPT

■ Pro Person 500 g frischen Spinat verlesen, grobe Stiele entfernen. Blätter mehrmals gründlich waschen. Tropfnaß in einen Kochtopf geben. Zugedeckt bei starker Hitze zusammenfallen lassen. Auf einem Sieb abtropfen lassen, anschließend mit den Händen kräftig auspressen.

15 Minuten

## KNOBLAUCHSPINAT MIT JOGHURT

■ Den vorbereiteten Spinat (von 1 kg) etwas klein schneiden. 2 – 4 Knoblauchzehen hacken. 1 kleine rote Peperoni entkernen und hacken. Beides in einer Pfanne in 1 Eßl. Butter andünsten. Den Spinat dazugeben und etwa 2 Minuten darin schwenken. Auf Teller füllen, salzen und mit 1 Becher Joghurt übergießen. Mit gerösteten Pinienkernen bestreuen.

15 Minuten

**Dazu:** Baguette.

**Spinat aufheben**

Will man gegarten Spinat für den nächsten Tag aufheben, sollte man ihn sofort nach dem Garen in eiskaltem Wasser abschrecken und anschließend gut auspressen. Dann im Kühlschrank aufbewahren.

## GESCHMORTER SPINAT

■ 1 kg Spinat ■ 1 Bund Frühlingszwiebeln ■ 2 Knoblauchzehen ■ 3 Eßl. Öl ■ Salz ■ frisch gemahlener Pfeffer ■ 50 g Bacon ■ 3 Scheiben Weißbrot ■ 4 Eier ■ 1 Eßl. Butter.

1 Spinat waschen und tropfnaß in einen Kochtopf geben. Zugedeckt bei starker Hitze zusammenfallen lassen. In kaltem Wasser abkühlen lassen. Anschließend abgetropft kräftig auspressen.

2 Die Zwiebeln mit dem Grün in Ringe schneiden.

3 Öl in einer Pfanne erhitzen, die Zwiebeln kurz darin dünsten. Den Knoblauch darüberpressen und den Spinat hinzufügen. Leicht salzen und pfeffern.

4 Bacon in Stücke schneiden und in einer Pfanne daneben langsam knusprig und braun braten. Brot würfeln und im Speckfett braun braten, herausnehmen.

5 Spiegeleier in Butter braten. Spinat mit Spiegeleiern, Bacon und Brotwürfeln anrichten.

20 Minuten

**Dazu:** Baguette.

**Geschmorter Spinat**

## SPINAT-GRATIN

v

■ 750 g Wurzelspinat ■ 1 Zwiebel ■ 1 Eßl. Butterschmalz ■ 1 Knoblauchzehe ■ frisch gemahlener Pfeffer ■ Salz ■ 400 g Pellkartoffeln ■ Kräutersalz ■ 4 Eßl. Crème fraîche ■ 100 g Käse.

**1** Spinat putzen, gut waschen. Tropfnaß im Kochtopf zugedeckt bei starker Hitze zusammenfallen lassen. Auf einem Sieb abtropfen lassen und etwas auspressen. Den Backofen auf 225 Grad vorheizen.

**2** Zwiebel würfeln. Fett in einer Pfanne erhitzen und die Zwiebel darin andünsten, Knoblauchzehe darüberpressen. Den Spinat grob zerschneiden (wenn er noch heiß ist, geht das gut mit einer Küchenschere) und in die Pfanne zur Zwiebel geben. Unter Wenden etwa zwei Minuten dünsten. Pfeffern und salzen.

**3** Den Spinat auf zwei Gratinformen verteilen und die Kartoffeln darüberschneiden, mit Kräutersalz würzen. Die Crème fraîche in Flöckchen darübergeben, den Käse grob darüberreiben.

**4** Die Formen in den Backofen schieben, etwa 20 Minuten überbacken.

45 Min., davon 20 Min. Garzeit

**Abwandlung:** Das Gratin schmeckt auch gut, wenn Sie je zur Hälfte Schittkäse und Schafkäse nehmen.

## POCHIERTE EIER IN TOMATENSOSSE

v

■ 500 g reife Tomaten (am besten geeignet sind Flaschentomaten) ■ 1 – 2 Knoblauchzehen ■ 2 Eßl. Öl ■ Salz ■ frisch gemahlener Pfeffer ■ 1 Eßl. Butter ■ 3 Eßl. Essig ■ 4 Eier ■ frische Basilikumblätter.

**1** Die Tomaten überbrühen, abziehen und klein schneiden. Knoblauch hacken und in heißem Öl hellbraun anbraten. Die Tomaten hinzufügen. Bei mittlerer Hitze dicklich einkochen. Mit Salz und Pfeffer abschmecken, die Butter darunterrühren.

**2** Eineinhalb Liter Wasser mit etwas Salz und dem Essig in einem flachen breiten Topf zum Kochen bringen. Die Eier einzeln in eine Tasse aufschlagen und ins Wasser gleiten lassen. Vier bis fünf Minuten garziehen lassen. Die Eier mit einer Schaumkelle herausheben und auf das Tomatensugo setzen. Mit Basilikumblättern bestreuen.

20 Minuten

**Dazu:** Geröstetes Brot.

**Pochierte Eier in Tomatensoße**

## WINTERGEMÜSE ÜBERBACKEN

■ 1 Stange Porree ■ 4 mittelgroße Möhren ■ 300 g Rosenkohl ■ 250 g Kartoffeln ■ 1 Teel. Gemüsebrühe (Instant) ■ 150 g Kasseler-Aufschnitt ■ 4 Eßl. stichfeste saure Sahne ■ 100 g Reibkäse (z. B. Edamer oder mittelalter Gouda).

**1** Porree, Möhren und Rosenkohl putzen und waschen. Porree in fingerdicke Ringe, Möhren in ebenso dicke Scheiben schneiden, den Rosenkohl halbieren, kleine Köpfe ganz lassen. Kartoffeln schälen und vierteln.

**2** Das Gemüse mit einer Tasse Wasser und der Brühe in etwa 15 Minuten garkochen. Die Brühe abgießen und zum Trinken oder für eine Suppe aufheben. Den Backofen auf 225 Grad vorheizen.

**3** Das Gemüse auf zwei Gratinformen verteilen. Kasseler in Streifen schneiden und darübergeben. Darüber die saure Sahne in Flöckchen und den geriebenen Käse verteilen. In den Ofen schieben und 15 Minuten überbacken.

50 Min., davon 30 Min. Garzeit

**Abwandlung:** Vegetarier lassen das Kasseler weg. Stattdessen zum Schluß geröstete Kürbiskerne darüberstreuen.

## EIER MIT KRÄUTERSOSSE

v

■ 500 g neue Kartoffeln ■ 4 Eier ■ 1 Becher Sahnejoghurt ■ 1 Becher Hüttenkäse (200 g) ■ 1 TL Senf ■ 1 Bund gemischte Kräuter (z. B. Dill, Petersilie, Schnittlauch) ■ 1 Gewürzgurke (100 g) ■ Kräutersalz ■ frisch gemahlener Pfeffer ■ 1 Prise Zucker ■ 100 g Kirschtomaten ■ 1 Teel. Butter.

**1** Die Kartoffeln waschen, bürsten und in der Schale etwa 15 Minuten kochen. Eier etwa acht Minuten kochen.

**2** Inzwischen Joghurt, Hüttenkäse, Senf, fein gehackte Kräuter und gehackte Gewürzgurke verrühren. Mit Kräutersalz, Pfeffer und Zucker abschmecken. Eier pellen, halbieren und in der Kräutersoße anrichten. Mit halbierten Kirschtomaten garnieren. Die Pellkartoffeln in Butter schwenken und dazu reichen.

20 Minuten

**Frische Eier kaufen**

Beim Einkauf immer auf das Legedatum achten. Die Eier sollten nicht älter als fünf Tage sein. Zu Hause dann kühl und höchstens zehn Tage lagern. Eier können Salmonellenkeime haben, die sich bei Wärme schnell vermehren. Beim Garen (70 Grad) werden sie abgetötet. Gerichte mit rohem Ei, z. B. Süßspeisen und Mayonnaise, immer am selben Tag aufessen.

## SPIEGELEIER IM GEMÜSEBETT

■ 1 Zwiebel ■ 1 Knoblauchzehe ■ 1 große Fleischtomate ■ 1 kleine rote Paprikaschote ■ 1/2 Bund glatte Petersilie ■ 75 g Knoblauchwurst oder Salami ■ 2 Eßl. Öl ■ 1 Lorbeerblatt ■ Salz ■ frisch gemahlener Pfeffer ■ 2 Eier.

1 Zwiebel und Knoblauchzehe abziehen und hacken. Die Tomate überbrühen und abziehen. Die Paprikaschote putzen und in kleine Würfel schneiden. Petersilie hacken und die Wurst in feine Streifen schneiden.

2 Öl in einer Pfanne erhitzen. Zwiebel, Knoblauch und Paprika unter Wenden andünsten (ohne zu bräunen). Die Tomate klein schneiden und zusammen mit der Wurst in die Pfanne geben. Petersilie, Lorbeerblatt, Salz und Pfeffer ebenfalls dazugeben. Alles verrühren und offen acht Minuten schmoren.

3 Die Eier einzeln auf eine Untertasse schlagen und auf das Gemüse setzen. Die Pfanne zudecken und die Eier in etwa fünf Minuten stocken lassen.

25 Minuten

**Dazu:** Brot.

## LINSENGEMÜSE MIT LYONER WURST

■ 1 Bund Suppengrün ■ 2 große Kartoffeln ■ 1 Teel. Butterschmalz ■ 100 g kleine grüne Linsen (Reformhaus) ■ 1/4 l Gemüse- oder Rindfleischbrühe (Instant) ■ 4 Eßl. Sahne ■ 1 Teel. grober Senf ■ 1 Eßl. Zitronensaft ■ 200 g Lyoner Geflügelwurst (ersatzweise Schinkenwurst).

1 Das Suppengemüse putzen, waschen und klein würfeln. Kartoffeln schälen und genauso klein würfeln. In einem Topf in heißem Butterschmalz andünsten.

2 Die Linsen waschen und dazugeben. Die Brühe angießen. Alles einmal aufkochen und dann zugedeckt auf kleinster Hitze 20 Minuten garen.

3 Senf und Sahne zum Linsengemüse geben. Mit Zitronensaft abschmecken.

4 Die Lyoner in Scheiben schneiden und in einer Pfanne bei mittlerer Hitze von jeder Seite etwa drei Minuten braten.

5 Das Linsengemüse auf Teller geben, die Wurstscheiben darauf anrichten.

40 Min., davon
20 Min. Garzeit

Lammspieße:
Rezept siehe
Seite 106.

# Fleisch & Geflügel

## LAMMSPIESSE

Foto Seite 104

■ 500 g Lammfleisch aus der Keule ■ 20 Holz-Grillspieße ■ 1 Zitrone ■ Salz ■ Pfeffer aus der Mühle.

**1** Das Lammfleisch in etwa fingerdicke Stücke schneiden. Dicht an dicht auf Holz-Grillspieße stecken, die Menge ergibt etwa zwanzig kleine Spieße – für jeden zehn.

**2** Eine Grillpfanne stark erhitzen und die Spieße dicht nebeneinander hineinlegen. Etwa fünf Minuten rundherum knusprig und braun rösten.

**3** Die heißen Spieße mit Zitrone, Salz und Pfeffer servieren.

*20 Minuten*

**Dazu:** Brot und Salat.

**Curry und Paprikapulver immer in Fett andünsten**

Erst dann entfaltet sich ihr volles Aroma und ihre Würzkraft. Aber Vorsicht – wenn das Fett zu heiß ist, verbrennt das Gewürz und wird bitter. Am besten ziehen Sie den Topf mit dem heißen Fett darin von der Herdplatte, bevor Sie das Gewürzpulver einstreuen und verrühren. Übrigens, wenn ein Gericht einmal zu scharf geworden ist, etwas Sahne dazugeben – das mildert die Schärfe.

## LAMMRAGOUT MIT JOGHURT UND DILL

■ 1 Gemüsezwiebel ■ 500 g Lammfleisch aus der Keule ■ 1 rote Peperoni ■ 1 Eßl. Butterschmalz ■ Salz ■ etwas Mehl zum Bestäuben ■ 1/4 Teel. Curry ■ 1 Teel. Paprika ■ 1/2 Glas Rotwein (ersatzweise Gemüsebrühe) ■ 1 Becher Joghurt (150 g) ■ 1/2 Bund Dill.

**1** Zwiebel würfeln. Fleisch in gulaschgroße Würfel schneiden. Peperoni halbieren, entkernen und in feine Streifen schneiden.

**2** Butterschmalz in einer Pfanne erhitzen und die Zwiebeln und Peperoni darin weichdünsten. Das Fleisch leicht salzen, mit Mehl bestäuben und dazugeben. Unter Wenden etwa zehn Minuten andünsten.

**3** Mit Curry und Paprika bestäuben, nur ganz kurz mitdünsten, dann den Rotwein angießen. Alles zugedeckt eine Stunde sanft schmoren.

**4** Joghurt verrühren und über die aufgefüllten Portionen geben, mit Dill bestreuen.

*1½ Stunden, davon 1 Stunde Garzeit*

**Dazu:** Reis oder Fladenbrot.

## LAMMKOTELETTS MIT KRÄUTERÖL

■ 1 Frühlingszwiebel ■ 1 Teel. Rosmarinnadeln ■ 5 Salbeiblätter ■ 5 Minzeblätter ■ 1 Bund glatte Petersilie ■ 1 kleine frische Chilischote ■ 1/8 l Olivenöl ■ 2 Eßl. Zitronensaft ■ Kräutersalz ■ 8 Lammkoteletts ■ 2 Eßl. Öl zum Einpinseln.

**1** Frühlingszwiebel, Rosmarin, Salbeiblätter, Minze und Petersilienblätter fein hacken. Chilischote entkernen und fein hacken. Alles mit Olivenöl, Zitronensaft, Kräutersalz und Pfeffer verrühren.

**2** Die Lammkoteletts von beiden Seiten mit Öl einpinseln. In der heißen Grillpfanne oder unter dem vorgeheizten Backofengrill von beiden Seiten etwa fünf Minuten grillen. Etwas Kräuteröl daraufstreichen, den Rest im Schälchen dazureichen.

*20 Minuten*

**Dazu:** Fladenbrot und gebratene Paprikaschoten: 250 g zartgrüne milde Paprikasschoten (in türkischen Lebensmittelläden erhältlich) im Ganzen mit etwas Öl in der Pfanne braten, leicht salzen und mit mildem Weinessig beträufeln.

## GEMISCHTE FLEISCHSPIESSE

■ 100 g Putenbrustfilet ■ 100 g Kalbsleber ■ 100 g Schweinefilet ■ 2 Zwiebeln ■ 1/2 Bund Salbei ■ 6 Holzspieße ■ frisch gemahlener Pfeffer ■ 1 Eßl. Öl zum Einpinseln ■ 2 Eßl. Zitronensaft und 4 Eßl. Olivenöl zum Beträufeln.

**1** Das Fleisch und die Leber in etwa zwei Zentimeter dicke und vier Zentimeter lange Streifen schneiden. Salbeiblätter waschen und trockentupfen. Die Zwiebeln vierteln und die Schalen voneinander lösen.

**2** Alles abwechselnd auf sechs Grillspieße stecken – dicht an dicht. Pfeffer darübermahlen und mit Öl einpinseln.

**3** Die Spieße auf dem Holzkohlegrill oder unter dem vorgeheizten Grill im Backofen unter Wenden braten. Mit Zitronensaft und Olivenöl beträufeln und heiß servieren.

*20 Minuten*

**Dazu:** Brot und Salat.

## MARINIERTES FLEISCH

■ 2 Rumpsteaks (à 200 g) ■ 1 kleine Schalotte ■ 1 Eßl. Sojasoße ■ 1 Eßl. Reiswein (ersatzweise Zitronensaft) ■ 1/4 Teel. Zukker ■ 1 kleine Knoblauchzehe ■ etwas Mehl ■ etwa 5 Eßl. Öl.

**1** Das Fleisch in fingerdicke Streifen schneiden. Schalotte hacken und mit Sojasoße, Reiswein und etwas Zucker verrühren. Knoblauch darüberpressen. Das Fleisch sorgfältig darin wenden und abgedeckt ein bis zwei Stunden oder über Nacht im Kühlschrank marinieren lassen.

**2** Das Fleisch mit Küchenpapier trockentupfen und mit Mehl bestäuben. Öl in einer großen beschichteten Pfanne erhitzen und das Fleisch unter Wenden etwa zwei bis drei Minuten darin braten. Mit einer Schaumkelle das Fleisch herausheben, damit das Öl zurückbleibt.

10 Min., ohne Marinierzeit

**Dazu:** Glasnudeln. Dafür 100 g Glasnudeln einweichen, klein schneiden, in kochend heißes Wasser geben und etwa vier Minuten ziehen lassen, abgetropft unter das Fleisch mischen. Zu dem marinierten Fleisch paßt auch gut Basmati-Reis.

**Abwandlung:** Statt Rindfleisch können Sie auch beliebiges anderes zartes Fleisch verwenden – z. B. Schweinefilet, Hähnchen- oder Entenbrust oder Lammfilet.

## FLEISCH AUF JAPANISCHE ART

■ 300 g Rumpsteak ■ 1 Eßl. Sojasoße ■ 1 Eßl. Sherry ■ 1/4 Teel. Zucker ■ 1 kleine Zwiebel ■ 1 Knoblauchzehe ■ 100 g Basmatireis ■ 400 g Brokkoli ■ 2 Eßl. Öl ■ 1 Eßl. Butter.

**1** Fleisch in fingerdicke Streifen schneiden. Sojasoße, Sherry, Zucker, Zwiebelwürfel und zerdrückte Knoblauchzehe vermischen. Das Fleisch darin wenden und etwa zehn Minuten ziehen lassen.

**2** Inzwischen den Reis garen. Den Brokkoli putzen und in fingerdicke Stifte schneiden. Brokkoli in wenig kochendes Salzwasser geben und in acht bis zehn Minuten garen.

**3** Öl in einer großen beschichteten Pfanne stark erhitzen. Das Fleisch hineingeben und unter Wenden drei bis vier Minuten braten. Brokkoli abgetropft in Butter schwenken. Reis, Fleisch und Brokkoli auf Tellern anrichten.

30 Minuten

**Abwandlung:** Statt Rumpsteak kann auch gut Hähnchenbrustfilet, Putenfilet oder Lammrücken verwendet werden.

**Fleisch auf japanische Art**

## CHINESISCHES PFANNENFLEISCH

■ 400 g gut abgehangenes Beefsteak ■ 1 Eßl. Speisestärke ■ 1 Eßl. Sherry ■ 1 Eßl. Sojasoße ■ 1 Stück frischer Ingwer (etwa walnußgroß) ■ 250 g Austernpilze ■ 4 Eßl. Sonnenblumenöl ■ 1/2 Tasse heiße Fleischbrühe (Instant).

**1** Das Fleisch in sehr dünne Scheibchen schneiden. Speisestärke, Sherry und Sojasoße verrühren. Den Ingwer durch die Knoblauchpresse darüberdrücken. Das Fleisch in der Flüssigkeit wenden und abgedeckt etwa 15 Minuten marinieren. Die Austernpilze in Lamellenrichtung in schmale Streifen zupfen.

**2** Zwei Eßlöffel Öl in einem Wok oder in einer großen Pfanne erhitzen. Das Fleisch hineingeben und unter ständigem Wenden in etwa einer Minute anbraten. Aus der Pfanne nehmen. Das restliche Öl in die Pfanne geben und die Pilze darin unter Wenden etwa zwei Minuten braten.

**3** Das Fleisch zurück in die Pfanne geben, alles verrühren und die Brühe angießen. Alles zwei Minuten schmoren. Mit Pfeffer würzen und servieren.

20 Minuten

**Dazu:** Reis.

## RINDERFILET MIT ZWIEBEL-APFEL-RELISH

■ 1 rote Zwiebel ■ 3 Eßl. Weinessig ■ 1 Teel. Zucker ■ 2 Eßl. Öl ■ 1 Frühlingszwiebel ■ 1 Fleischtomate ■ 1 knakkiger grüner Apfel ■ etwas Petersilie und Minze ■ 2 Rinderfilets (à 180 g) ■ frisch gemahlener Pfeffer.

**1** Die rote Zwiebel würfeln und mit Weinessig und Zucker in einem Topf aufkochen und abkühlen lassen. Das Öl zu der Zwiebel geben.

**2** Die Frühlingszwiebel fein schneiden, Tomate und Apfel klein würfeln, Petersilie und Minze hacken. Alles mit der roten Zwiebel mischen.

**3** Die Filets mit Pfeffer würzen und in der vorgeheizten Grillpfanne von jeder Seite etwa dreieinhalb Minuten braten. Mit dem Relish anrichten.

15 Minuten

**Dazu:** Baguette.

**Tip:** Das frische, knackige und farbenfrohe Relish schmeckt im Sommer sehr gut zu Fleisch vom Holzkohlegrill.

## GEGRILLTES STEAK

■ 1 T-Bone-Steak von etwa 500 g ■ frisch gemahlener Pfeffer ■ Salz ■ 4 Eßl. Zitronensaft ■ etwa 4 Eßl. kalt gepreßtes Olivenöl.

**1** Das Steak trockentupfen, mit dem Pfeffer einreiben.

**2** Die Grillpfanne gut erhitzen oder den Holzkohlegrill gut durchglühen lassen. Das Fleisch ohne Fett in die Pfanne legen und bei starker Hitze von jeder Seite etwa zwei Minuten anbraten. Dann unter zweimaligem Wenden etwa zehn Minuten bei mittlerer Hitze weitergrillen.

**3** Das Fleisch vor dem Anschneiden abgedeckt noch drei Minuten ruhen lassen, dann vom Knochen lösen und in Stücke schneiden.

**4** Das Fleisch salzen und mit Zitronensaft und Öl beträufeln.

30 Min., davon
20 Min. Garzeit

## RINDFLEISCH MIT CHICORÉE

■ 1 Eßl. Sojasoße ■ 1 Knoblauchzehe ■ 1 walnußgroßes Stück Ingwerwurzel ■ 1 Teel. Zitronensaft ■ 1 Teel. Balsamico-Essig ■ 1 Prise Zucker ■ 1 Frühlingszwiebel ■ 200 g Rinderfilet ■ 2 Stauden Chicorée ■ 4 Eßl. Öl ■ Salz ■ Pfeffer.

**1** Sojasoße, durchgepreßte Knoblauchzehe, Ingwer, Zitronensaft, Essig und Zucker vermischen. Die Frühlingszwiebel längs in hauchdünne Scheiben schneiden.

**2** Das Rinderfilet in sehr feine Streifen schneiden und in die Würzsoße geben, durchmischen und beiseite stellen.

**3** Chicorée in Blätter zerlegen und die großen einmal schräg durchschneiden.

**4** Öl in einer beschichten Pfanne (oder im Wok) erhitzen und das Fleisch unter ständigem Wenden bei stärkster Hitze anbraten – etwa eineinhalb Minuten. Aus der Pfanne nehmen.

**5** Nun den Chicorée und die Zwiebel unter ständigem Wenden zwei Minuten in der Pfanne anbraten. Das Fleisch dazugeben. Alles noch etwa eine Minute unter Wenden braten, leicht salzen und pfeffern, dann sofort servieren.

15 Minuten

**Dazu:** Reis.

## KALBSSCHNITZEL AUF ITALIENISCH

■ 4 sehr dünn geschnittene Kalbsschnitzel oder 4 Scheiben Putenbrust (à ca. 80 g) ■ frisch gemahlener Pfeffer ■ 4 Scheiben Parmaschinken ■ 12 frische Salbeiblätter ■ 1 Eßl. Butter ■ 5 Eßl. Marsala oder trockener Wermut (ersatzweise frisch gepreßter Orangensaft) ■ Salz.

1 Jedes Kalbsschnitzel und jede Schinkenscheibe in drei Stücke schneiden. Die Fleischstücke leicht mit Pfeffer würzen und mit je einem Schinkenscheibchen und einem Salbeiblatt belegen. Mit kleinen Holzspießchen feststecken.

2 Butter in einer großen beschichteten Pfanne aufschäumen lassen. Die Fleischscheiben von jeder Seite etwa eine Minute braten und herausnehmen. Den Bratensatz mit Marsala oder Wermut ablöschen und etwas einkochen. Mit Salz abschmecken. Die Soße durch ein Sieb gießen und über das Fleisch verteilen.

15 Minuten

**Dazu:** Brot.

## KALBSFILET MIT RAUKE

■ 100 g Rauke ■ 100 g Radicchio oder Chicorée ■ 4 Doppelscheiben vom Kalbsfilet (Schmetterlingsschnitt – à ca. 80 g) ■ frisch gemahlener Pfeffer ■ 4 Eßl. Öl ■ 1/4 Glas Rotwein ■ 1/4 Würfel Bratensaft (Extrakt) ■ 2 Eßl. Butter ■ Salz.

1 Rauke und Radicchio putzten, waschen und in breite Streifen schneiden.

2 Die Fleischstücke flachklopfen und mit Pfeffer würzen. Öl in einer Pfanne erhitzen und das Fleisch von jeder Seite etwa eineinhalb Minuten braten. Aus der Pfanne nehmen und warmhalten. Das Öl weggießen. Den Wein angießen, den Bratensatz loskochen und den Bratensaft einrühren. Offen etwas einkochen. Einen Eßlöffel Butter darunterrühren.

3 In einer zweiten Pfanne daneben Rauke und Radicchio in der restlichen heißen Butter schwenken, leicht salzen und pfeffern. Fleisch und Grünzeug auf Tellern anrichten, die Soße darüber verteilen.

25 Minuten

**Dazu:** Brot oder Rosmarinkartoffeln. Dafür gepellte Kartoffeln in Olivenöl mit frischem Rosmarin braun braten.

**Kalbsfilet mit Rauke**

## KALBSHAXE NACH MAILÄNDER ART

■ 1/2 Bund Suppengrün ■ 1 Schalotte ■ 1 Knoblauchzehe ■ 1 Tomate ■ 4 Scheiben Kalbshaxe (2 – 3 cm dick) ■ frisch gemahlener Pfeffer ■ 1/2 Teel. Mehl ■ 1 Eßl. Butterschmalz ■ Saft von 1 Orange ■ 1 Eßl. Weißweinessig ■ 5 Eßl. Rinderbrühe ■ 1/2 Bund glatte Petersilie ■ Salz.

1 Das Gemüse in sehr kleine Würfel schneiden. Die Schalotte und die Knoblauchzehe hacken. Tomate überbrühen, abziehen, entkernen und klein schneiden. Das Fleisch pfeffern und mit Mehl bestäuben.

2 Butterschmalz in einer großen Pfanne mit Deckel erhitzen und das Fleisch von beiden Seiten kurz und kräftig anbraten. Herausnehmen.

3 Schalotte, Knoblauch und Gemüse im Bratfett etwa zwei Minuten unter Wenden andünsten, bis es gut duftet.

4 Mit Orangensaft, Essig und Brühe ablöschen. Das Fleisch zurück in die Kasserolle zum Gemüse geben. Die Pfanne schließen und eineinhalb Stunden bei kleiner Hitze schmoren.

2 Std., davon
1 1/2 Std. Garzeit

## KALBSLEBER NACH VENEZIANISCHER ART

■ 3 Zwiebeln ■ 400 g Kalbsleber oder Hähnchenleber ■ 1 Teel. Mehl ■ 1 Eßl. Butter ■ 1 Eßl. Öl ■ 1 Zweig Salbei ■ 4 Eßl. Weißwein ■ 1 Eßl. Balsamico-Essig ■ Kräutersalz.

1 Zwiebeln in Ringe schneiden. Die Kalbsleber in Stücke schneiden, leicht mehlieren.

2 Butter und Öl erhitzen und die Leber von jeder Seite etwa eine Minute anbraten, herausnehmen.

3 Die Zwiebelringe im Bratfett goldgelb andünsten, dabei häufig wenden. Salbeiblätter dazugeben und kurz mitdünsten.

4 Mit Wein und Balsamico-Essig ablöschen. Die Leber zurück in die Pfanne zu den Zwiebeln geben und noch etwa drei Minuten schmoren. Mit Kräutersalz würzen.

20 Minuten

**Dazu:** Baguette.

**Kalbsleber nach Venezianischer Art**

## KALBSLEBER MIT TRAUBEN

■ 150 g kernlose Weintrauben ■ 300 g Kalbsleber ■ 2 rote Zwiebeln ■ 1 Eßl. Butterschmalz ■ Mehl zum Bestäuben ■ 4 Eßl. Portwein ■ 2 Eßl. Balsamico-Essig ■ Salz ■ frisch gemahlener Pfeffer.

1 Die Weintrauben abzupfen, waschen und abtropfen lassen. Die Leber in fingerbreite Streifen schneiden. Zwiebeln in feine Streifen schneiden.

2 Butterschmalz in einer großen Pfanne erhitzen. Die Leberstreifen leicht mit Mehl bestäuben und unter Wenden rundherum anbraten, herausnehmen. Nun die Zwiebel unter Wenden kurz anbraten. Mit Portwein und Balsamico-Essig ablöschen. Die Leber und die Trauben in die Pfanne geben, einmal aufkochen, salzen, pfeffern und auf ausgeschalteter Herdplatte etwa zwei Minuten durchziehen lassen.

*20 Minuten*

**Dazu:** Weizenbrot oder Baguette.

## HÄHNCHENFILET MIT TOMATENSUGO

■ 1 Zwiebel ■ 2 Eßl. Öl ■ 1 Teel. Tomatenmark ■ 1/2 Packung geschälte und gewürfelte Tomaten (250 g) ■ 1 kleines Lorbeerblatt ■ 400 g Hähnchenbrustfilet ■ Cayennepfeffer ■ Salz ■ 1 Teel. Mehl ■ 1 Eßl. Butterschmalz zum Braten ■ 1 Teel. Butter ■ 2 Eßl. Kapern ■ frisch gemahlener Pfeffer.

1 Für das Sugo die Zwiebel würfeln und in Öl glasig dünsten. Tomatenmark dazugeben, leicht anrösten. Tomaten und Lorbeerblatt dazugeben. Alles zehn Minuten offen einkochen.

2 Die Hähnchenbrust abspülen, trockentupfen, mit Cayennepfeffer und Salz würzen, mit Mehl bestäuben. In heißem Butterschmalz von jeder Seite etwa zwei Minuten braten. Die Pfanne vom Herd ziehen und das Fleisch zugedeckt in der Pfanne etwa fünf Minuten nachgaren lassen.

3 Butter und Kapern unter das Tomatensugo rühren, mit Salz und Pfeffer abschmecken. Mit der Hähnchenbrust anrichten.

*25 Minuten*

**Dazu:** Grüne Nudeln.

## ZITRONENHÜHNCHEN

■ 1 kleines frisches Brathähnchen
■ Schale und Saft von 1 1/2 Zitronen
■ Kräutersalz ■ frisch gemahlener Pfeffer ■ 4 Scheiben Bacon ■ 300 g Schalotten ■ 1 Eßl. Butter ■ 1/2 Glas Weißwein
■ 1 Zweig Salbei.

1 Das Hähnchen waschen und trockentupfen. Zitronenschale abreiben, den Saft auspressen und in das Hähnchen geben. Außen mit Zitronenschale, Salz und Pfeffer einreiben. Abgedeckt über Nacht in den Kühlschrank stellen.

2 Am folgenden Tag das Hähnchen in eine feuerfeste Form legen. Mit Baconscheiben belegen.

3 Das Hähnchen in den vorgeheizten Backofen schieben. Bei 175 Grad zwei Stunden garen.

4 Inzwischen die Schalotten abziehen. In Butter etwa zehn Minuten lang halbgar dünsten. Mit Wein ablöschen und nach einer Stunde mit dem Salbei zum Hähnchen in die Form geben.

5 Das Hähnchen in vier Stücke zerlegen und mit den Schalotten auf zwei Teller geben.

2 Std., davon
1 1/2 Std. Garzeit

**Dazu:** Baguette.

## HÄHNCHEN-CURRY

■ 300 g Hähnchenbrustfilet ■ 1 kleine Stange Porree ■ 1 kleine rote Paprikaschote ■ 2 Eßl. Öl ■ 1 Teel. Curry
■ 1/2 Tasse Hühnerbrühe (Instant) ■ Saft von 1 Orange ■ 1/2 Teel. Speisestärke
■ Pfeffer ■ Zitronensaft.

1 Das Fleisch in feine Streifen schneiden. Porree und Paprika putzen, waschen und ebenfalls in Streifen schneiden.

2 Öl in einer beschichteten Pfanne erhitzen. Zuerst das Fleisch etwa eine Minute braten, dann Porree und Paprika dazugeben und unter Wenden zwei Minuten mitbraten. Curry dazugeben, kurz anschwitzen, dann Brühe und Orangensaft angießen.

3 Speisestärke mit einem Eßlöffel Wasser anrühren und dazugeben. Unter Rühren aufkochen. Mit Pfeffer und Zitronensaft abschmecken.

20 Minuten

**Dazu:** Reis

## HÄHNCHEN-PFANNE ASIATISCH

■ 300 g Hähnchenbrustfilet ■ 2 Eßl. Sojasoße ■ 2 Eßl. trockener Sherry ■ 1 Teel. Speisestärke ■ 1 Teel. Mehl ■ 250 g Gemüse (z. B. Porree, Champignons oder Austernpilze, Paprika, Zucchini, Chiccorée) ■ 4 Eßl. Öl ■ 1 Tasse Geflügelbrühe (Instant) ■ etwas Salz ■ Pfeffer und Zucker.

**1** Das Fleisch in fingerdicke Würfel schneiden.

**2** Sojasoße, Sherry, Speisestärke und Mehl zum Fleisch geben. Alles durchmischen und zugedeckt 20 Minuten durchziehen lassen.

**3** Inzwischen das Gemüse putzen, waschen und in feine Streifen schneiden. Drei Eßlöffel Öl in einer Pfanne erhitzen und das Gemüse unter Wenden darin anbraten; herausnehmen. Restliches Öl in die Pfanne geben und das Fleisch unter Wenden kräftig anbraten.

**4** Das Gemüse wieder in die Pfanne zum Fleisch geben. Brühe angießen, unter Rühren aufkochen. Mit Salz, Pfeffer und Zucker würzen.

30 Minuten

**Dazu:** Reis oder Glasnudeln (siehe Seite 108).

## CHINA-HÄHNCHEN

■ 400 g Hähnchenbrustfilet (ohne Haut und Knochen) ■ 1 Eiweiß ■ 1 Teel. Speisestärke ■ 1 Bund Frühlingszwiebeln ■ 1 walnußgroßes Stück Ingwerwurzel (ersatzweise 1/4 Teel. Ingwerpulver) ■ 2 Knoblauchzehen ■ 4 Eßl. Sonnenblumenöl ■ Salz ■ Pfeffer ■ je 2 Eßl. Sojasoße und Sherry (oder frisch gepreßter Orangensaft) ■ 2 Spritzer Tabasco.

**1** Das Fleisch in etwa drei Zentimeter große Würfel schneiden. Das Eiweiß und die Speisestärke mit einer Gabel verschlagen. Mit dem Fleisch vermischen.

**2** Die Frühlingszwiebeln schräg in etwa drei Zentimeter lange Stücke schneiden. Ingwer und Knoblauchzehen schälen und sehr fein hacken.

**3** In einer großen beschichteten Pfanne das Öl stark erhitzen. Das Fleisch hineingeben und unter ständigem Wenden etwa eineinhalb Minuten braten. Salzen und pfeffern, dann Ingwer, Knoblauch und die Zwiebeln dazugeben. Etwa zwei Minuten weiterbraten, dabei weiter umrühren. Zum Schluß mit Sojasoße, Sherry und Tabasco würzen.

20 Minuten

**Dazu:** Reis.

China-Hähnchen

## HÄHNCHENSCHNITZEL SIZILIANISCH

■ 2 Hähnchenbrustfilets (400 g) ■ 1 Knoblauchzehe ■ dünn abgeschälte Schale und Saft von 1/2 unbehandelten Zitrone ■ 1/2 Bund Petersilie ■ 2 Scheiben Weißbrot ■ 1 – 2 Eßl. Kapern ■ Salz ■ frisch gemahlener Pfeffer ■ 4 Eßl. Olivenöl.

**1** Hähnchenbrust mit einem scharfen Messer in sehr dünne Scheiben schneiden, flachstreichen. Nebeneinander in eine feuerfeste Form legen. Den Backofen auf 250 Grad vorheizen.

**2** Knoblauchzehe, Zitronenschale und Petersilie fein hacken; über das Fleisch streuen. Weißbrot entrinden, klein hakken und ebenfalls darüberstreuen. Kapern darüber verteilen. Salzen und pfeffern. Zum Schluß mit Öl und Zitronensaft beträufeln.

**3** Das Fleisch in den Backofen schieben und 15 Minuten backen.

25 Min., davon
15 Min. Garzeit

**Dazu:** Baguette und Brokkoligemüse. Dafür 300 g Brokkoli in 1/4 l Wasser mit etwas Salz, einer geschälten Knoblauchzehe und zwei Eßl. Olivenöl etwa acht Minuten kochen. Abgetropft auf Teller verteilen, Parmesankäse darüberreiben.

## KNOBLAUCH-HÄHNCHEN

■ 4 Hähnchenkeulen (à 250 g) ■ 1 Zweig Rosmarin ■ 6 – 8 Knoblauchzehen ■ frisch gemahlener Pfeffer ■ Kräutersalz ■ 3 Eßl. Öl ■ 1 kleine Dose geschälte Tomaten.

**1** Die Keulen jeweils in zwei Stücke schneiden, dabei die Haut ablösen und entfernen. Das Fleisch abspülen und trockentupfen.

**2** Rosmarinnadeln und die Hälfte der Knoblauchzehen fein hacken und die Hähnchenkeulen damit einbalsamieren, leicht pfeffern und salzen.

**3** Öl in einer beschichteten Pfanne erhitzen und die Teile bei mittlerer Hitze von beiden Seiten leicht bräunen.

**4** Tomaten abtropfen lassen, grob zerschneiden und mit den restlichen ganzen Knoblauchzehen zum Fleisch geben. Die Hitze reduzieren, die Pfanne schließen und alles etwa 40 Minuten garschmoren.

1 Stunde, davon
40 Min. Garzeit

**Dazu:** Baguette.

**Hähnchenkeulen**

sollten immer ohne Haut geschmort werden. Die Haut enthält viel Fett und wird durch das Schmoren nicht knusprig. Das gilt auch für Putenkeulen.

**Knoblauch-Hähnchen**

## PUTENRAGOUT

■ 1 kg Putenoberkeule ■ Cayennepfeffer ■ Salz ■ 1 Teel. Mehl ■ 1 große Zwiebel ■ 100 g Sellerie ■ 1 Eßl. Butterschmalz ■ 1/4 Teel Curry ■ 6 Eßl. trockener Wermut (ersatzweise Hühnerbrühe) ■ 4 Eßl. Sahne ■ 1 Eßl. grober Senf ■ Salz.

1 Das Fleisch vom Knochen lösen, dabei die Haut entfernen. Das Fleisch wie für Gulasch in Stücke schneiden und anschließend mit Cayennepfeffer würzen, leicht salzen und mit Mehl bestäuben. Zwiebel und Sellerie würfeln.

2 Butterschmalz in einer großen Pfanne (mit Deckel) erhitzen. Das Fleisch hineingeben und rundherum etwa zehn Minuten anbraten. Zwiebel und Sellerie dazugeben und unter Wenden kurz mitbraten. Mit Curry würzen, mit Wermut ablöschen. Die Pfanne zudecken und alles etwa 30 Minuten schmoren.

3 Sahne und Senf verrühren und unter das Ragout rühren, einmal aufkochen. Mit Salz abschmecken.

1 Stunde, davon 30 Min. Garzeit

**Dazu:** Pellkartoffeln oder Baguette.

## HÄHNCHENKEULEN MIT KICHERERBSEN

■ 3 Hähnchenkeulen ■ Cayennepfeffer ■ etwa 1 Teel. Mehl ■ 3 Eßl. Öl ■ 1 Zweig Rosmarin ■ 1 grüne Paprikaschote ■ 1 Zwiebel ■ 1 kleine Dose Kichererbsen (gibt es in türkischen Lebensmittelgeschäften) ■ 1/8 l Geflügelbrühe (Instant) ■ Salz.

1 Die Hähnchenkeulen in Ober- und Unterkeulen zerteilen und die Haut abtrennen. Keulen waschen, trockentupfen, mit Cayennepfeffer würzen und hauchdünn mit Mehl bestäuben.

2 Öl in einer Pfanne erhitzen und die Keulen darin rundherum etwa zehn Minuten anbraten.

3 Rosmarin hacken und die Paprikaschoten würfeln. Die Zwiebel würfeln, die Kichererbsen abgießen. Alles zu den angebratenen Keulen in die Pfanne geben.

4 Brühe angießen und alles zugedeckt 30 Minuten schmoren. Mit Salz abschmecken. Mit Petersilie bestreut anrichten.

1 Stunde, davon 30 Min. Garzeit

**Dazu:** Brot.

**Hähnchenkeulen mit Kichererbsen**

## SESAM-HÄHNCHEN

■ 400 g Hähnchenbrustfilet (ohne Haut und Knochen) ■ 1 walnußgroßes Stück Ingwerwurzel ■ 2 Eßl. Sherry ■ 1 Teel. Puderzucker ■ 3 Eßl. Sojasoße ■ etwas Salz ■ 1/2 Teel. Chinagewürz ■ 1 Prise Cayennepfeffer ■ 2 – 3 Eßl. Sesam.

**1** Hähnchenbrustfilet in mundgerechte Stücke schneiden. Ingwerstückchen durch die Knoblauchpresse drücken und mit Sherry, Puderzucker, Sojasoße, Salz, Chinagewürz und Cayennepfeffer verrühren. Die Hähnchenstücke hineinlegen und mindestens zwei Stunden in der Würzmischung marinieren.

**2** Die Fleischstücke abtropfen lassen und nebeneinander auf ein Backblech legen. Mit Sesam bestreuen.

**3** Im vorgeheizten Backofen bei 225 Grad 20 Minuten backen. Zwischendurch einmal mit der Marinade beträufeln. Kalt oder warm essen.

30 Min., ohne Marinierzeit

**Dazu:** Brot und Apfel-Mango-Chutney.

**Tip:** Es schmeckt gut, wenn Sie einen frisch geriebenen Apfel unter gekauftes Mangochutney rühren.

## HÄHNCHEN-REIS-PFANNE

■ 4 Hähnchenkeulen ■ 2 Zwiebeln ■ 1 grüne Paprikaschote ■ 3 Eßl. Öl ■ Cayennepfeffer ■ Salz ■ 1 Eßl. Mehl ■ 150 g Risottoreis ■ 1 – 2 Knoblauchzehen ■ 1/2 Glas Weißwein (etwa 50 ml, ersatzweise Brühe) ■ knapp 1/4 l Hühnerbrühe (Instant).

**1** Die Hähnchenkeulen im Gelenk in Unter- und Oberkeule zerteilen. Die Haut ablösen und entfernen.

**2** Zwiebeln würfeln, Paprikaschote putzen, waschen und ebenfalls würfeln.

**3** Das Öl in einer großen Pfanne (mit Deckel) erhitzen. Die Keulen mit Cayennepfeffer und Salz würzen und hauchdünn mit Mehl bestäuben. In heißem Öl braun braten. Herausnehmen.

**4** Nun die Zwiebeln in die Pfanne geben und glasig dünsten, Paprikawürfel und Reis dazugeben. Alles unter Wenden etwa eine Minute dünsten. Knoblauchzehen halbieren und ungeschält durch die Presse drücken, verrühren. Mit dem Wein ablöschen, etwas verdampfen lassen.

**5** Die Hähnchenteile zurück in die Pfanne geben und die Brühe angießen. Zugedeckt 30 Minuten schmoren lassen.

1 Stunde, davon 30 Min. Garzeit

## HÄHNCHENFILET IM SCHINKENMANTEL

■ 4 Hähnchenbrustfilets (ohne Haut und Knochen, etwa 500 g) ■ frisch gemahlener Pfeffer ■ 8 Salbeiblätter (frisch oder getrocknet) ■ 4 Scheiben Parmaschinken (ersatzweise Bacon) ■ 200 g braune Champignons ■ 1 Bund Frühlingszwiebeln ■ 1 Eßl. Butterschmalz ■ etwas Mehl ■ 1/2 Tasse Hühnerbrühe (Instant) ■ Jodsalz.

**1** Hähnchenbrustfilets abspülen, trockentupfen. Jeweils in zwei Hälften schneiden, pfeffern, mit Salbeiblättern belegen und mit je einer Schinkenscheibe umwickeln. Champignons mit einem Pinsel putzen, vierteln. Frühlingszwiebeln in kleine Ringe schneiden.

**2** Butterschmalz in einer Pfanne (mit Deckel) erhitzen. Die eingewickelten Filets hauchdünn mit Mehl bestäuben, in die Pfanne geben und rundherum anbraten. Herausnehmen. Nun die Pilze und Frühlingszwiebeln unter Wenden in der Pfanne andünsten. Mit Brühe ablöschen und einmal aufkochen.

**3** Das angebratene Fleisch dazugeben. Alles zugedeckt bei kleinster Hitze zehn Minuten sanft schmoren. Zum Schluß mit Salz abschmecken. Wer will, rührt noch etwas Sahne in den Sud.

45 Min., davon
15 Min. Garzeit

**Dazu:** Baguette oder Pellkartoffeln.

**Tip:** Erwarten Sie viele Gäste, können Sie die Filets schon zwei Stunden vorher anbraten. Sie müssen dann nur noch im vorgeheizten Backofen auf dem Gemüse kurz vor dem Essen bei 200 Grad etwa 15 Minuten auf den Punkt garen.

**Jodsalz zum Würzen**

Wenn Sie immer Jodsalz statt Kochsalz nehmen, können Sie so etwa die Hälfte Ihres täglichen Jod-Bedarfs decken. Besonders für alle wichtig, die keinen Fisch essen. Für Kartoffeln und Nudeln reicht Kochsalz, denn dabei wird das Salzwasser ja abgegossen. Jod ist übrigens auch in Kräutersalz enthalten. Füllen Sie auch den Salzstreuer oder die Salzmühle stets mit Jodsalz, um Jodmangel zu vermeiden.

## KANINCHEN MIT OLIVEN

■ 2 Kaninchenkeulen (à 250 g, vom Händler in zwei Stücke teilen lassen) ■ etwas Cayennepfeffer ■ 1 Möhre ■ 1 Stückchen Sellerieknolle ■ 1 Knoblauchzehe ■ 1 Fleischtomate ■ 1 Eßl. Butter ■ 1 Eßl. Ölivenöl ■ 1 Zweig Rosmarin ■ 2 Eßl. Weinbrand (ggfs. weglassen) ■ 50 ml Rindfleischbrühe (Instant) ■ etwa 10 schwarze Oliven.

1 Die Kaninchenkeulen abspülen, mit Küchenpapier trockentupfen und mit Cayennepfeffer würzen.

2 Möhre und Sellerie sehr klein würfeln, Knoblauchzehe hacken, Tomate überbrühen, abziehen und klein schneiden.

3 Butter und Öl in eine Pfanne mit Deckel geben, die Keulen und das Gemüse hineinlegen. Rosmarinzweig oben auf die Keulen legen.

4 Die Pfanne auf die Herdplatte setzen und langsam erhitzen. Den Weinbrand darüberträufeln und völlig verdampfen lassen. Danach die Brühe dazugeben. Alles gut zugedeckt eine Stunde schmoren. Oliven entsteinen und in Ringe schneiden. Die Olivenringe dazugeben und 30 Minuten weiterschmoren.

2 Std., davon
1 1/2 Std. Garzeit

**Dazu:** Polenta (siehe Seite 78) oder Baguette.

## CHILI CON CARNE

■ 2 Zwiebeln ■ 1 Knoblauchzehe ■ 2 Eßl. Öl ■ 250 g Rinderhack ■ 1 Lorbeerblatt ■ 1 kleine Dose rote Bohnen (Kidneybohnen) ■ 1 kleine Dose geschälte Tomaten ■ 1/4 Teel. Cayennepfeffer ■ 1 Teel. Instantbrühe ■ 1 weiche Avocado ■ 2 Eßl. Zitronensaft ■ Zwiebelsalz ■ 5 Eßl. Sahne ■ 1 Packung kleine Tacos (gibt's in großen Supermärkten – siehe auch Seite 52).

1 Die Zwiebeln in große Würfel schneiden, die Knoblauchzehe hacken. Öl in einer Pfanne erhitzen und Zwiebelwürfel und Knoblauch darin glasig dünsten. Hack dazugeben und unter Wenden krümelig braten. Lorbeerblatt, abgetropfte Bohnen und Tomaten dazugeben. Mit Cayennepfeffer und Brühe würzen. Zugedeckt 25 Minuten schmoren.

2 Inzwischen die Avocado schälen, entkernen und das Fruchtfleisch in eine Schüssel geben. Zitronensaft, Salz und Sahne dazugeben. Mit dem Pürierstab cremig pürieren.

3 Avocadopüree und Tacos zum fertigen Chili reichen.

50 Min., davon
25 Min. Garzeit

**Chili con Carne**

**Frische Austern, klassisch mit Zitrone und Pfeffer (siehe auch Kasten Seite 131).**

# Aus dem Meer

## ÜBERBACKENE AUSTERN

■ 16 Austern ■ etwa 250 g Salz für das Salzbett ■ 1 Bund glatte Petersilie ■ 60 g Butter ■ 2 Eßl. frisch gemahlene Mandeln ■ 1 kleine Knoblauchzehe ■ 2 Eßl. Zitronensaft ■ 1 Eßl. Weinbrand (ggfs. weglassen) ■ frisch gemahlener Pfeffer.

**1** Die Austern mit einem Austernmesser öffnen, die Flüssigkeit in einem kleinen Topf auffangen und das Muschelfleisch aus der Schale lösen. Den Muschelsud erhitzen und das Muschelfleisch hineingeben. Nur so lange erhitzen, bis es steif geworden ist.

**2** In die Mitte eines Backblechs etwa fingerhoch Salz streuen. Das Muschelfleisch je einer Auster abgetropft in die untere tiefe Schalenhälfte legen, diese nebeneinander auf das Salzbett setzen. Für die Füllung Petersilie hacken. Butter schmelzen, mit gemahlenen Mandeln, durchgepreßter Knoblauchzehe, Petersilie, Zitronensaft, Weinbrand, Salz und Pfeffer vermischen. Jeweils einen Teelöffel über die Austern geben.

**3** Die Austern unter den vorgeheizten Grill schieben und in etwa drei Minuten goldbraun überbacken.

*20 Minuten*

**Dazu:** Baguette.

## GESCHMORTE TINTENFISCHE

■ 500 g kleine Tintenfische ■ 1 große Fleischtomate ■ 2 Knoblauchzehen ■ 1 Bund glatte Petersilie ■ 4 Eßl. Öl ■ Salz ■ frisch gemahlener Pfeffer.

**1** Tintenfische putzen, waschen und in Ringe schneiden. Tomate überbrühen, abziehen und in Stücke schneiden. Knoblauch und Petersilie hacken.

**2** Öl in der Pfanne erhitzen und die Tintenfischringe unter Wenden etwa zwei Minuten darin anbraten. Salzen und pfeffern. Die Tomatenstücke mit der Hälfte der Petersilie und dem Knoblauch dazugeben. Alles fünf Minuten schmoren.

**3** Mit dem Rest der gehackten Petersilie bestreuen und servieren.

*20 Minuten*

**Dazu:** Baguette.

**Frische Tintenfische**
sind besonders zart. Wenn Sie sie im Fischfachgeschäft nicht frisch bekommen, können Sie auch auf Tiefkühlware zurückgreifen. Tiefkühl-Tintenfische sind bereits geputzt und in Ringe geschnitten. Bei Zimmertemperatur oder über Nacht im Kühlschrank langsam auftauen lassen – oder in der Mikrowelle bei 90 Watt in 15 Minuten.

## GEFÜLLTE MIESMUSCHELN

■ 1 kg Miesmuscheln ■ 1 Bund glatte Petersilie ■ 1 Knoblauchzehe ■ 2 Eßl. weiche Butter ■ 4 Eßl. Sahne ■ Zitronenschale ■ 1 – 2 Eßl. Zitronensaft ■ Kräutersalz ■ frisch gemahlener Pfeffer ■ 3 Scheiben Bacon ■ etwa 250 g Salz fürs Salzbett ■ Parmesankäse.

**1** Die Muscheln unter fließendem kaltem Wasser waschen, dann mit einer halben Tasse Wasser im geschlossenen Topf zum Kochen bringen. Den Topf zwischendurch rütteln. Sobald die Muscheln kochen, den Topf vom Herd nehmen und noch zwei bis drei Minuten stehen lassen.

**2** Inzwischen die Füllung zubereiten: Petersilie und Knoblauch fein hacken. Die Butter mit Sahne, etwas abgeriebener Zitronenschale, Zitronensaft, Salz, Pfeffer und der Petersilie verrühren. Bacon sehr fein hacken.

**3** Das Muschelfleisch aus den Schalen lösen und wieder in eine schöne tiefe Muschelhälfte zurücklegen. In die Mitte eines Backblechs etwa fingerhoch Salz streuen. Muschelhälften mit der Kräuterbutter füllen und ins Salz drücken. Bacon und frisch geriebenen Parmesan darauf verteilen.

**4** Die gefüllten Muscheln unter den vorgeheizten Grill schieben und goldbraun überbacken.

30 Minuten

**Dazu:** Baguette.

**Frische Austern und Muscheln**

Muscheln sollten immer einzeln gewaschen werden. Vor dem Waschen offene und nach dem Kochen noch geschlossene Muscheln wegwerfen. Frische Austern sind immer geschlossen, offene oder leicht zu öffnende nicht essen. Riechprobe machen! Wer rohe Austern servieren möchte, reicht einfach Zitronenhälften, Pfeffermühle, Schwarzbrot und Butter dazu (siehe Foto Seite 128/ 129).

## MATJES MIT APFEL-ZWIEBEL-SOSSE

■ 6 Matjesfilets ■ 2 Eßl. Crème fraîche ■ 4 Eßl. Joghurt ■ Salz ■ 1 Apfel ■ 1 kleine Zwiebel.

**1** Die Matjesfilets abspülen und je nach Salzgehalt zwei bis vier Stunden wässern.

**2** Für die Soße Crème fraîche, Joghurt und eine Prise Salz verrühren. Den Apfel in feine Stifte, die Zwiebel in feine Würfel schneiden, alles sofort unter die Creme rühren.

**3** Matjesfilets trockentupfen und auf Teller legen, die Apfelzwiebelsoße im Schälchen dazustellen.

15 Minuten

**Dazu:** Heiße Pellkartoffeln oder ein kräftiges Roggenbrot.

**Abwandlung:** Für Gäste können Sie zusätzlich einen roten Dip anbieten: Drei Eßl. klein gewürfelte, eingelegte Rote Beete, einen grob geriebenen Apfel, einen Eßl. geriebenen Meerrettich und Schnittlauchröllchen vermischen, zwei Eßl. Crème fraîche darunterziehen.

## MUSCHELN IN WEISSWEIN

■ 1,5 kg Miesmuscheln ■ 3 Zwiebeln ■ 2 Knoblauchzehen ■ 1 kleine Möhre ■ 1 Eßl. Butter ■ 1 Lorbeerblatt ■ 1/4 Teel. Cayennepfeffer ■ 1/2 Glas trockener Weißwein.

**1** Die Muscheln gründlich waschen. Zwiebeln und Knoblauchzehen abziehen und in Scheiben schneiden. Möhre fein würfeln.

**2** In einem großen Topf, in den alle Muscheln passen, die Butter erhitzen. Zwiebeln, Knoblauch und Möhre darin glasig dünsten. Lorbeerblatt fein zerbrechen und mit Cayennepfeffer zugeben. Kurz schwitzen lassen.

**3** Weißwein angießen, aufkochen. Die Muscheln dazugeben, den Topf schließen und alles zum Kochen bringen. Etwa fünf Minuten kochen – bis sich die Muscheln geöffnet haben.

**4** Die Muscheln in zwei Schüsseln geben und einen Teil des Suds darübergießen, den Rest in kleinen Schalen extra reichen.

20 Minuten

**Dazu:** Schwarzbrot und Butter.

**Muscheln in Weißwein**

## JACOBSMUSCHELN MIT PETERSILIENBUTTER

■ 10 Jacobsmuscheln ■ 1/2 Bund glatte Petersilie ■ 1 – 2 Knoblauchzehen ■ etwas Salz und Cayennepfeffer ■ etwas Mehl ■ 1 Eßl. Butterschmalz zum Braten ■ 2 Eßl. Butter ■ 2 Eßl. Zitronensaft.

1 Das Muschelfleisch mit Küchenpapier trockentupfen. Petersilie und Knoblauch fein hacken. Das Muschelfleisch leicht mit Salz und Cayennepfeffer würzen und hauchdünn mit Mehl bestäuben.

2 Butterschmalz in einer Pfanne erhitzen und die Muscheln von jeder Seite etwa eineinhalb Minuten braten. Auf vorgewärmte Teller legen.

3 Butter, Petersilie und Knoblauch sofort in die Pfanne geben, aufschäumen lassen, Zitronensaft dazugeben und alles durchschwenken. Soße über die Jacobsmuscheln verteilen.

15 Minuten

**Dazu:** Baguette.

**Tip:** Wer gerne viel Soße mag, reduziert die Butter auf die Hälfte und gibt dafür einen Schuß trockenen Wermut und einen halben Becher Sahne dazu.

## KNOBLAUCH-GAMBAS

■ 10 Gambas (roh) ■ 3 Knoblauchzehen ■ 1/2 Bund glatte Petersilie ■ 6 Eßl. Öl ■ 1 Zitrone.

1 Falls die Gambas gefroren sind, bei Zimmertemperatur oder in der Mikrowelle bei 90 Watt in etwa 15 Minuten auftauen lassen. Mit einem schweren scharfen Messer der Länge nach halbieren, den dann sichtbaren Darm entfernen. Gut abspülen und trockentupfen.

2 Knoblauch abziehen und in dünne Scheiben schneiden. Die Petersilienblättchen von den Stielen zupfen.

3 Das Öl in einer Pfanne erhitzen. Knoblauch und Petersilie hineingeben und unter Wenden eine Minute braten. Die Gambahälften dazugeben und unter Wenden zwei Minuten braten – nicht länger. In der Pfanne servieren. Zitronensaft preßt sich jeder nach Belieben selbst über die Gambas.

15 Minuten

**Dazu:** Baguette.

**Knoblauch-Gambas**

## GAMBAS IM WEINSUD

■ 1/8 l trockener Weißwein ■ 1 Teel. Salz ■ 1/4 Teel. getrockneter Thymian ■ 1 Lorbeerblatt ■ 1 kleine frische oder getrocknete Chilischote ■ 16 große Gambas ■ 1 Becher saure Sahne (150 g) ■ 2 Eßl. Mayonnaise ■ 3 Eßl. gehackte Kräuter (Petersilie, Dill und Kresse) ■ Jodsalz ■ etwas Zucker ■ etwas Tabasco.

**1** Weißwein, die doppelte Menge Wasser, Salz, Thymian, gebrochenes Lorbeerblatt und halbierte Chilischote aufkochen und etwa zehn Minuten ziehen lassen.

**2** Gambas in den siedenden Sud geben und offen drei bis vier Minuten bei kleinster Hitze ziehen lassen.

**3** Inzwischen die Soße zubereiten: Saure Sahne, Mayonnaise und Kräuter, Salz, Zucker und Tabasco mit dem Schneidstab pürieren.

**4** Die lauwarm abgekühlten Gambas mit der zartgrünen Soße anrichten.

15 Minuten

**Dazu:** Baguette.

## LACHS MIT KARTOFFEL UND FRISCHKÄSECREME

■ 2 große Kartoffeln (à ca. 200 g) ■ 1 Eßl. Sahnequark ■ 1 Eßl. fein geriebener Emmentaler ■ 1 Becher saure Sahne ■ 1 Teel. Senf ■ 1 Prise Zucker ■ Cayennepfeffer ■ Kräutersalz ■ etwas frischer Dill ■ 200 g Graved Lachs.

**1** Die Kartoffeln in der Schale etwa 20 Minuten garkochen.

**2** Für die Frischkäsecreme Quark, geriebenen Emmentaler, saure Sahne und Gewürzzutaten kräftig schaumig verrühren, abschmecken.

**3** Den Lachs auf Teller legen. Die Kartoffeln abgießen, pellen und halbiert dazugeben. Die Creme in Schälchen dazu anrichten. Lachs mit Dill garnieren.

30 Minuten

## FORELLE IM WEINSUD

■ 2 Forellen (küchenfertig – à ca. 350 g) ■ 1 Möhre ■ 1 Zwiebel ■ 1/2 l trockener Weißwein ■ 1 Teel. Instant-Gemüsebrühe ■ 1 Lorbeerblatt ■ 5 Pfefferkörner oder 1 kleine getrocknete Pfefferschote ■ 1 Zweig Thymian. Soße: ■ 2 Eßl. Zitronensaft ■ 1/4 Teel. Zucker ■ je 1 Teel. mittelscharfer und grobkörniger Senf ■ 5 Eßl. Sahne ■ 1 Becher saure Sahne (150 g).

**1** Für den Sud Möhre und Zwiebel klein schneiden und mit Weißwein, Gemüsebrühe und Gewürzzutaten in einem Topf 15 Minuten sanft köcheln lassen.

**2** Inzwischen die Forellen gründlich waschen und innen salzen. Für die Soße Zitronensaft, Zucker und beide Senfsorten solange schlagen, bis sich der Zucker völlig aufgelöst hat. Süße und saure Sahne darunterrühren.

**3** Den Fisch in den Sud legen, die Herdplatte ausschalten. Die Forellen zugedeckt etwa zehn Minuten garziehen lassen. Aus dem Sud heben und mit der Senfsahne-Soße anrichten.

30 Minuten

**Dazu:** Pellkartoffeln und geschmolzene Butter.

**Tip:** Läßt sich die Rückenflosse leicht herausziehen, ist der Fisch gar.

## GEGRILLTER LACHS

■ 400 g Lachsfilet ■ 1 Schalotte ■ 1/2 Bund glatte Petersilie ■ 1 kleines Stück dünn abgeschälte Zitrone ■ 1 Eßl. Butter ■ Jodsalz ■ frisch gemahlener Pfeffer ■ Saft von 1/2 Zitrone.

**1** Das Lachsfilet abspülen und in zwei gleichgroße Stücke schneiden. Schalotte, Petersilie und auch die Zitronenschale fein hacken. Den Grill vorheizen.

**2** Einen Bogen Alufolie mit etwas Butter bestreichen, leicht mit Salz und Pfeffer bestreuen und die Hälfte der Petersilienmischung darauf verteilen. Lachsstücke salzen, pfeffern und darauflegen. Mit der restlichen Petersilienmischung bestreuen.

**3** Den Lachs mit genügend Abstand unter den Grill schieben und drei Minuten grillen. Die restliche Butter in kleinen Flöckchen auf den Fisch setzen und etwa drei Minuten weitergrillen. Der Fisch darf nur zart gebräunt sein.

**4** Den Lachs auf Teller setzen und Zitronensaft darüberpressen.

20 Minuten

**Dazu:** Spinatgemüse (siehe Seite 98) und Baguette.

## ZANDER UNTER KRÄUTERKRUSTE

■ 600 g Zanderfilet (ersatzweise Filet vom Kabeljau, Lachs oder Steinbeißer) ■ 2 Fleischtomaten ■ 1 Knoblauchzehe ■ 1 Schalotte ■ 1/2 Bund glatte Petersilie ■ etwa 4 frische Salbeibätter ■ 1/2 Scheibe Toast- oder Weißbrot (20 g) ■ Kräutersalz ■ frisch gemahlener Pfeffer ■ 1 Eiweiß ■ 1 Eßl. Butter.

**1** Das Filet in zwei gleichgroße Stücke schneiden, leicht salzen. Tomaten überbrühen, abziehen, in Scheiben schneiden und auf den Boden einer feuerfesten Form legen. Den Backofen auf 225 Grad vorheizen.

**2** Knoblauch und Schalotte abziehen und fein hacken. Petersilie und Salbeiblätter und das Brot fein hacken. Alles zusammen mit Kräutersalz und Pfeffer vermischen.

**3** Eiweiß leicht schaumig schlagen und die Fischstücke nur auf einer Seite damit befeuchten. Anschließend mit dieser Seite in die Kräuterfarce legen und etwas andrücken, damit eine dicke Schicht auf dem Fisch haften bleibt. Die Fischstücke nebeneinander auf die Tomaten in die Form legen. Die Butter schmelzen lassen und über den Fisch träufeln. Die übriggebliebene Kräuterfarce über die Tomaten streuen.

**4** Die Form in den vorgeheizten Backofen schieben und den Fisch etwa 20 Minuten backen.

40 Min., davon 20 Min. Garzeit

**Dazu:** Bauernbrot oder Pellkartoffeln.

## STEINBEISSER MIT KIRSCHTOMATEN

■ 4 Steinbeißer-Koteletts (ca. 600 g) ■ Salz ■ frisch gemahlener Pfeffer ■ etwas Mehl ■ 1 Eßl. Butterschmalz ■ 1 Packung Kirschtomaten ■ 1 Teel. Butter ■ 1/2 Teel. Zucker ■ 2 Stengel Basilikum.

**1** Den Fisch abspülen, trockentupfen, salzen, pfeffern und in Mehl wenden. In heißem Butterschmalz von jeder Seite drei Minuten goldbraun braten.

**2** In einer anderen Pfanne die Kirschtomaten in heißer Butter bei kräftiger Hitze etwa zwei Minuten braten, dann mit Zucker bestreuen, leicht salzen und pfeffern. Tomaten und Fisch zusammen anrichten, mit Basilikumblättern garnieren.

15 Minuten

**Dazu:** Baguette.

## SEEAAL IN DILLSAHNE

■ 500 g Seeaal ■ 1/2 Bund Suppengrün ■ 1 Eßl. Butter ■ 1/8 l Gemüsebrühe (Instant) ■ 1/2 Glas Weißwein (ersatzweise 2 Eßl. Zitronensaft und Wasser) ■ 1 Teel. Speisestärke ■ 2 Eßl. Crème fraîche ■ 1 Bund Dill ■ 2 Eßl. Zitronensaft ■ Kräutersalz.

1 Den Seeaal waschen, trockentupfen und in Stücke schneiden.

2 Suppengrün putzen, waschen und in kleine Würfel schneiden. Butter in einem Topf erhitzen und das Gemüse darin wenden. Zugedeckt bei kleiner Hitze in etwa zehn Minuten gardünsten.

3 Gemüsebrühe und Weißwein zum Kochen bringen. Die Fischstücke hineingeben und in etwa 15 Minuten bei kleinster Hitze garziehen lassen. Die Fischstücke herausheben und abgedeckt warm halten.

4 Speisestärke mit etwas Wasser anrühren und in den Fischsud geben. Einmal aufkochen. Crème fraîche und Dill einrühren. Die Soße mit Zitronensaft und Kräutersalz abschmecken. Gemüse und Fisch in die Soße geben und eine Minute darin ziehen lassen.

30 Minuten

**Dazu:** Pellkartoffeln.

## ZANDERFILET AUF WIRSING

■ 750 g Wirsing ■ Salz ■ 400 g Zanderfilet (ersatzweise Filet vom Rotbarsch oder Steinbeißer) ■ Cayennepfeffer ■ Kräutersalz ■ Mehl zum Bestäuben ■ 1 Eßl. Butterschmalz ■ 5 Eßl. Sahne ■ 1 Teel. Dijonsenf ■ 1 Eßl. Zitronensaft ■ 1/4 Teel. Zucker.

1 Den Wirsing putzen, dunkelgrüne Blätter entfernen. Die zartgrünen bis hellgelben Blätter in feine Streifen schneiden. Etwa 15 Minuten in Salzwasser kochen. Wirsing muß richtig gar sein! Backofen auf 100 Grad vorheizen.

2 Inzwischen das Fischfilet abspülen, trokkentupfen und mit Cayennepfeffer und Kräutersalz würzen. Mit Mehl bestäuben. In heißem Butterschmalz von jeder Seite etwa zwei Minuten braten. Im Backofen nachgaren lassen.

3 Den Wirsing abgießen und gut abtropfen lassen. Sahne, Senf, Zitronensaft und Zucker erhitzen und den Kohl darin wenden. Mit Pfeffer abschmecken.

4 Den Kohl auf Teller füllen und den Fisch daraufsetzen.

30 Minuten

**Dazu:** Pellkartoffeln.

## ROTBARSCHFILET AUF SENFSAHNE

■ 2 Rotbarschfilets (à 250 g) ■ Salz ■ frisch gemahlener Pfeffer ■ 1 Zitrone ■ 2 Teel. Butter ■ 3 Eßl. Weißwein (ersatzweise Gemüsebrühe) ■ 1/2 Glas Fischfond (200 ml) ■ 2 Eßl. Crème fraîche ■ 1/4 Teel. Speisestärke ■ 2 Teel. Senf ■ Zitronenmelisse.

1 Den Backofen auf 200 Grad vorheizen. Die Fischstücke abspülen, trockentupfen, salzen, pfeffern und mit etwas Zitronensaft beträufeln. Eine ofenfeste Form ausbuttern und die Fischstücke hineinlegen. Mit Wein beträufeln und mit gebuttertem Pergamentpapier abdecken.

2 Den Fisch in den vorgeheizten Backofen schieben und etwa 15 Minuten backen.

3 Für die Soße inzwischen den Fischfond auf ein Viertel einkochen. Crème fraîche, Speisestärke und Senf verrühren, dazugeben und aufkochen lassen. Mit Zitronensaft abschmecken. Den Fisch auf Teller setzen und die Senfsoße drumherum verteilen. Mit Melisseblättchen garnieren.

20 Minuten

**Dazu:** Wildreis oder Wildreismischung.

## FISCH IM TOMATENBETT

■ 500 g Tomaten ■ Kräutersalz ■ frisch gemahlener Pfeffer ■ 500 g Steinbeißer- oder Rotbarschfilet ■ 1 Zwiebel ■ 2 Eßl. Semmelbrösel ■ 2 Knoblauchzehen ■ Saft und abgeriebene Schale von 1 Zitrone ■ 1 Bund Petersilie ■ 2 Eßl. weiche Butter.

1 Die Tomaten überbrühen, in Scheiben schneiden und dachziegelartig in eine ofenfeste Form legen. Mit Salz und Pfeffer würzen. Fischfilet salzen und nebeneinander daraufsetzen. Backofen auf 225 Grad vorheizen.

2 Die Zwiebel fein hacken und mit Semmelbrösel, zerdrückter Knoblauchzehe, gehackter Petersilie, Zitronenschale, Zitronensaft und Butter vermischen. Auf den Fisch streichen und die Form in den vorgeheizten Backofen schieben. Etwa 20 Minuten backen.

30 Minuten

**Dazu:** Reis.

**Fisch im Tomatenbett**

## SCHELLFISCH AUF ITALIENISCHE ART

■ 1 kleiner Schellfisch oder 1 Stück vom Schellfisch (etwa 750 g) ■ 1 Teel. Salz ■ 1 Eßl. Fisch-Gewürzmischung ■ 2 Eßl. Weinessig ■ 1/2 Bund Petersilie ■ 2 Knoblauchzehen ■ 2 Eßl. Zitronensaft ■ etwas Tabasco ■ 6 Eßl. Olivenöl.

**1** Den Fisch abspülen. Einen halben Liter Wasser, Salz, Fischgewürz und Essig aufkochen und dann zehn Minuten ziehen lassen.

**2** Den Fisch in den siedenden Sud geben und bei kleinster Hitze etwa zwölf Minuten garziehen lassen.

**3** In der Zwischenzeit die Petersilie und die Knoblauchzehen fein hacken. Mit einer Prise Salz, Zitronensaft, Tabasco und Olivenöl verrühren.

**4** Den Fisch mit einer Schaumkelle aus dem Sud heben und gut abtropfen lassen. Haut und Gräten entfernen und das Fischfleisch auf vorgewärmte Teller geben. Etwas von dem Würzöl darüberträufeln, den Rest dazureichen.

20 Minuten

**Dazu:** Gepellte Kartoffeln und grüner Salat.

**Abwandlung:** Sie können auch Knoblauchmayonnaise dazureichen. Dafür zwei Eßl. Mayonnaise, zwei Eßl. Crème fraîche, ein bis zwei durchgepreßte Knoblauchzehen, Salz und fein gehackte Petersilie verrühren.

## AALSPIESSE

■ 1 frischer küchenfertiger Aal (etwa 500 g) ■ 4 Eßl. Öl ■ 2 Eßl. Zitronensaft ■ frisch gemahlener Pfeffer ■ Salz ■ 1 Knoblauchzehe ■ reichlich frische Lorbeer- und Salbeiblätter ■ 1 Eßl. Butterschmalz.

**1** Den Aal in etwa fünf Zentimeter lange Stücke schneiden. Öl, Zitronensaft, Pfeffer, Salz und zerdrückten Knoblauch verrühren. Die Aalstücke etwa eine Stunde darin marinieren.

**2** Die Aalstücke abwechselnd mit Lorbeer- und Salbeiblättern auf Holzspieße stecken. Butterschmalz in einer Pfanne erhitzen und die Spieße etwa zehn Minuten rundherum darin braten.

20 Min., 1 Std. Marinierzeit

**Dazu:** Baguette.

### Salbei und Lorbeer am besten frisch

Beide können ihr würziges Aroma in Fett angedünstet und mitgegart am besten entfalten. Im Winter gibt's die zarten Pflänzchen in kleinen Töpfen, im Sommer bekommt man Salbei aus dem Freiland. Lorbeer, das immergrüne Blatt, gab es bei uns bisher nur getrocknet in Tüten. In guten Gemüseläden bekommt man frische grüne Lorbeerzweige jetzt rund ums Jahr. Beide Kräuter sind nicht zum Einfrieren geeignet.

**Aalspieße**

Topfen-Gratin:
Rezept siehe
Seite 148.

# Süßes

## ARME RITTER

V

■ 2 Eigelb ■ 1/8 l Milch ■ abgeriebene Schale von 1/2 unbehandelten Zitrone ■ 1 Teel. Zucker ■ 8 Baguette-Scheiben (etwa 100 g) ■ 1 Ei ■ 1 Eßl. Butterschmalz zum Braten ■ Ahornsirup.

**1** Eigelb, Milch, Zitronenschale und Zukker verschlagen. Die Baguette-Scheiben darin einweichen. Butterschmalz in einer Pfanne erhitzen.

**2** Das ganze Ei verquirlen und die eingeweichten Scheiben mit Hilfe von zwei Gabeln vorsichtig darin wenden und sofort in das heiße Fett geben. Von beiden Seiten braun braten.

**3** Die gebratenen Scheiben kurz auf Küchenpapier abtropfen lassen. Mit Ahornsirup beträufelt essen.

15 Minuten

**Dazu:** Obstkompott (Rhabarber, Stachelbeeren, Äpfel, Birnen, Mirabellen oder Pflaumen).

## MILCHREIS MIT FRÜCHTEN

V

■ 125 g Reis ■ 1/2 l Milch ■ 4 Eßl. Zukker ■ 1 Vanillestange ■ 500 g Erdbeeren, Himbeeren, Blaubeeren, Johannisbeeren oder reife Pfirsiche ■ 1 Becher Schmand (250 g) ■ 2 Eßl. Sonnenblumenkerne.

**1** Reis mit Milch, zwei Eßlöffeln Zucker und Vanillemark zum Kochen bringen. Bei kleinster Hitze zugedeckt etwa 30 Minuten quellen lassen. Danach abkühlen lassen.

**2** Erdbeeren oder andere Früchte putzen, waschen und in Würfel schneiden. Mit dem restlichen Zucker (einen Teelöffel voll zurückbehalten) vermischen.

**3** Schmand unter den Reis heben und auf tiefe Teller füllen. Die Früchte drumherum verteilen.

**4** Sonnenblumenkerne ohne Fett in einer Pfanne rösten, restlichen Zucker darüberstreuen und karamelisieren lassen. Über den Reis streuen.

45 Min., davon
30 Min. Garzeit

## ERDBEERKALTSCHALE

v

- 500 g vollreife Erdbeeren ■ 1 – 2 Eßl. Zitronensaft ■ 1 – 2 Eßl. Puderzucker
- 1 großer Becher Joghurt (500 g)
- 2 Scheiben dunkles Schwarzbrot.

**1** Die Erdbeeren waschen und vierteln. Mit Zitronensaft und Puderzucker im Mixer pürieren.

**2** Joghurt aufschlagen und auf tiefe Teller füllen. Das Erdbeer-Püree darüber verteilen und leicht durchrühren. Schwarzbrot fein zerkrümeln oder im Blitzhacker zerhacken und obendrüber streuen.

10 Minuten

## RHABARBERKOMPOTT

v

- 2 – 3 Stangen Rhabarber (etwa 300 g) in Stücke schneiden und mit 3 Eßl. Zucker in der Mikrowelle bei 600 Watt 4 Minuten dünsten – oder im gut geschlossenen Topf 12 Minuten bei mittlerer Hitze garen.

15 Minuten

**Dazu:** Vanilleeis oder -soße.

**Abwandlung:** Statt Rhabarber können Sie auch Stachelbeeren, Äpfel, Birnen, Mirabellen oder Pflaumen nehmen.

## KNUSPER-ÄPFEL

v

- 2 Eßl. Butterschmalz ■ 2 Eßl. Zucker
- 1/2 Teel. Zimt ■ 5 Eßl. Haferflocken
- 3 Äpfel.

**1** Den Backofen auf 225 Grad vorheizen. Butter in einem Topf zerlassen. Zucker, Zimt und Haferflocken vermischen, die Butter darunterrühren.

**2** Die Äpfel schälen, in schmale Spalten schneiden und in eine oder zwei flache feuerfeste Formen legen. Die Haferflockenmischung darüber verteilen.

**3** In den Backofen schieben und 35 Minuten backen.

50 Min., davon
35 Min. Garzeit

**Abwandlung:** Statt Haferflocken können Sie auch 100 g Mandelblättchen verwenden, statt Äpfeln Pfirsiche, Aprikosen oder Birnen.

## TOPFEN-GRATIN

Foto Seite 144

v

■ 1 Mangofrucht ■ 1 Kiwi ■ 250 g Speisequark (Magerstufe; österreichisch: Topfen) ■ 3 Eier (getrennt) ■ abgeriebene Schale von 1/2 Zitrone ■ 4 Eßl. Aprikosenlikör (ersatzweise Sahne) ■ 1 Prise Salz ■ 50 g Zucker ■ 1 Teel. Butter für die Form ■ 1 Teel. Puderzucker.

1 Die Mango schälen und um den Stein herum in dünne Spalten schneiden. Die Kiwi schälen und in Scheiben schneiden. Den Backofen auf 200 Grad vorheizen.

2 Den Quark mit Eigelb, Zitronenschale und dem Likör verrühren. Die Eiweiße mit einer Prise Salz steif schlagen. Den Zucker unter Schlagen einrieseln lassen. Unter den Quark heben.

3 Zwei Gratin-Formen ausbuttern. Die Quarkcreme einfüllen und die vorbereiteten Früchte einlegen. Die Formen in den Backofen schieben und etwa 15 Minuten goldbraun backen. Mit Puderzucker bestäubt servieren.

30 Min., davon 15 Min. Garzeit

**Abwandlung:** Sie können auch andere Früchte nehmen, z. B.: Bananenscheiben, halbierte Erdbeeren, entsteinte Kirschen, Papaya in Scheiben, Blaubeeren, Johannisbeeren; Himbeeren, Kakifrüchte. Wichtig: Die Früchte müssen weich und reif sein.

## STACHELBEERPFANNKUCHEN MIT PUDERZUCKER

v

■ 150 g Mehl ■ 1/8 l Milch ■ 2 Eßl. saure Sahne ■ 2 Eier (getrennt) ■ 1 Prise Salz ■ 1 Eßl. heiße gebräunte Butter ■ Butterschmalz zum Braten ■ 250 g Stachelbeeren ■ Ahornsirup.

1 Das Mehl in eine Schüssel füllen, Milch, saure Sahne, Eigelb, Salz und braune Butter dazugeben. Alles mit den Quirlen des Handrührers zu einem glatten Teig verrühren.

2 Eiweiß steif schlagen und unter den Teig ziehen. In einer beschichteten Pfanne Butterschmalz erhitzen. Jeweils drei kleine Teigportionen in die Pfanne geben und sofort ein paar Stachelbeeren daraufstreuen. Ist die Unterseite leicht gebräunt, die Küchlein wenden und fertigbraten.

3 Mit Ahornsirup beträufeln und sofort essen.

20 Minuten

**Abwandlung:** Statt Stachelbeeren können Sie auch Blaubeeren, Johannisbeeren oder kleine Apfelstückchen verwenden.

**Stachelbeerpfannkuchen mit Puderzucker**

## KIRSCH-CLAFOUTI

v

■ 1 Teel. Butter ■ 500 g Süßkirschen ■ 2 Eier (getrennt) ■ 250 g Speisequark (20 %) ■ 1 Prise Salz ■ 1 Paket Vanillezucker ■ 50 g Zucker ■ 1 Eßl. Speisestärke ■ 1 Eßl. Mehl ■ 1 Eßl. Mandelblättchen.

1 Zwei kleine flache feuerfeste Formen mit Butter ausfetten. Den Backofen auf 200 Grad vorheizen.

2 Die Kirschen entstielen, waschen und auf die Förmchen verteilen.

3 Eigelbe, Quark, Salz, Vanillezucker und Zucker in einer Schüssel schaumig rühren. Die Speisestärke und das Mehl darunterziehen. Eiweiß steif schlagen und darunterheben.

4 Den Teig über die Kirschen verteilen. Mit Mandelblättchen bestreuen. Auf dem Rost in den Backofen schieben und 40 Minuten backen.

50 Min., davon
40 Min. Garzeit

**Tip:** Die Kirschen werden hier absichtlich nicht entsteint. Sie geben dem Clafouti (Kirschenflan) den typischen Geschmack. Außerdem würden entsteinte Kirschen beim Backen zuviel Saft abgeben und dadurch den Teig flüssig machen.

## SCHOKOLADEN-MOUSSE

für 4 Portionen

v

■ 2 Blatt weiße Gelatine ■ 150 g Zartbitter-Schokolade ■ 4 Eßl. Rum (ersatzweise frisch gepreßter Orangensaft und etwas abgeriebene Schale) ■ 200 ml Schlagsahne ■ 1 Eßl. Zucker. Himbeersoße: ■ 2 Eßl. Zucker ■ 150 g TK-Himbeeren.

1 Gelatine einweichen. Die Schokolade grob zerbröckeln, in ein Schälchen geben, drei Eßlöffel heißes Wasser zufügen und im Wasserbad schmelzen lassen.

2 Die eingeweichte abgetropfte Gelatine unter die geschmolzene Schokolade rühren, Rum ebenfalls unterrühren. Lauwarm abkühlen lassen.

3 Schlagsahne und Zucker steif schlagen und unter die Schokolade ziehen. Die Mousse in eine Schüssel oder in Dessertschalen füllen und über Nacht kalt stellen.

4 Für die Fruchtsoße einen Achtelliter Wasser mit dem Zucker aufkochen, die Himbeeren dazugeben und mit dem Schneidstab leicht pürieren. Dann durch ein Sieb streichen.

5 Von der Schokoladenmousse mit einem Löffel Nockeln abstechen, auf Teller setzen und etwas von der Himbeersoße drumherum verteilen.

20 Min., ohne
Kühlung ü. Nacht

**Schokoladen-Mousse**

## RHABARBERSCHNITTE

v

■ 1 Stange Rhabarber (200 g) ■ 2 Eßl. Zucker ■ 5 Eßl. Apfelsaft ■ 2 Scheiben Vollkorntoast ■ 2 Teel. Butter ■ 1/4 Teel. Zimt ■ 1/8 l Schlagsahne ■ 1 Päckchen Vanillezucker ■ 2 Teel. Pistazien.

**1** Rhabarber in etwa drei bis vier Zentimeter lange Stücke schneiden. Einen Eßlöffel Zucker und Apfelsaft aufkochen. Rhabarber hineingeben und etwa fünf Minuten darin garziehen lassen. Herausheben und abkühlen lassen.

**2** Die Toastscheiben mit Butter bestreichen und mit Zimt und dem restlichen Zucker bestreuen. Nebeneinander auf einen Bogen Alufolie legen und unter den vorgeheizten Grill schieben. Von jeder Seite etwa zwei Minuten grillen.

**3** Die Sahne mit Vanillezucker cremig schlagen, Rhabarber auf die Toastscheiben legen und mit der Vanillesahne anrichten, mit Pistazien bestreuen.

15 Minuten

**Abwandlungen:** Sie können die Toastscheiben auch mit anderem gedünsteten Obst belegen, z. B. mit Birnen, Äpfeln, Pfirsichen oder Aprikosen. Und statt mit Sahne schmecken sie auch gut mit Vanilleeis.

## HAMBURGER ROTE GRÜTZE

für 4 Portionen

v

■ 1 Packung TK-Beerenmischung (300 g) ■ 1/4 l Apfelsaft ■ 2 – 3 Eßl. Zucker ■ 1 1/2 Eßl. Speisestärke (etwa 35 g).

**1** Die Früchte mit Apfelsaft aufkochen und unter Rühren so lange köcheln lassen, bis die Früchte zerfallen. Die Fruchtmasse auf ein Sieb geben und durchpassieren.

**2** Den Fruchtsaft mit dem Zucker aufkochen. Speisestärke mit Wasser anrühren und dazugeben. Alles unter Rühren kurz aufkochen lassen. Abschmecken und eventuell noch etwas Zucker dazugeben. Die Grütze in eine kalt ausgespülte Form füllen und abkühlen lassen.

15 Minuten

**Dazu:** Milch oder Sahne.

**Abwandlung:** Im Sommer können Sie auch frische Früchte nehmen: statt Beeren Rhabarber, Stachelbeeren oder Kirschen.

## GEFÜLLTE BRATÄPFEL

v

■ 2 große säuerliche Äpfel ■ 1 – 2 Eßl. Honig ■ 1/2 Glas trockener Weißwein (ersatzweise frisch gepreßter Orangensaft). Für die Füllung: ■ 30 g geröstete Mandelblättchen ■ je 1 Eßl. Korinthen und Rosinen ■ 50 g Marzipanrohmasse ■ 1 Eßl. Zucker ■ je 1 Eßl. Rum und Zitronensaft ■ 1 Eßl. weiche Butter.

1 Den Backofen auf 225 Grad vorheizen. Von den Äpfeln einen Deckel abschneiden, Stengel nicht entfernen. Gehäuse großzügig ausstechen – bis zum unteren Drittel. Die Schale je viermal bis zum unteren Drittel einritzen.

2 Alle Zutaten für die Füllung vermischen und die Äpfel damit füllen.

3 Wein und Honig in eine ofenfeste Form geben. Die Äpfel hineinsetzen. Mit dem Deckel verschließen.

4 Im Backofen etwa 30 bis 45 Minuten backen. Die Äpfel in kleinen tiefen Tellern anrichten.

50 Min., davon
30 Min. Garzeit

**Dazu:** Vanillesoße.

## KERNIGE KARTOFFELPUFFER MIT APFELMUS

v

■ 500 g Kartoffeln ■ 50 g Kürbiskerne ■ 2 kleine Eier ■ 1/2 Teel. Salz ■ 1/2 Zwiebel ■ 1 – 2 Eßl. Butterschmalz zum Braten ■ 1 großer säuerlicher Apfel ■ 4 Eßl. Apfelmus (Glas).

1 Kartoffeln schälen, Kürbiskerne grob hacken. Eier und Salz in einer Schüssel verschlagen. Kartoffeln grob darüberreiben und unterrühren. Kerne dazugeben.

2 Butterschmalz in einer großen beschichteten Pfanne erhitzen und nacheinander eßlöffelweise etwa zehn kleine Puffer braten, im Backofen bei 100 Grad heiß halten.

3 Den Apfel schälen, reiben und mit dem Apfelmus vermischen. Zu den heißen Kartoffelpuffern reichen.

15 Minuten

**Abwandlung:** Die Hälfte der Kartoffeln durch Möhren oder Süßkartoffeln ersetzen.

## ZWIEBACKAUFLAUF

v

■ 8 Zwiebäcke ■ etwa 1 Eßl. Butter und 2 Eßl. Johannisbeergelee zum Bestreichen ■ 1 kleine Dose Aprikosen, Kirschen oder Pfirsiche ■ 3 Eier ■ 1 Eßl. Zucker ■ 1/4 l Milch.

**1** Den Backofen auf 200 Grad vorheizen. Zwiebäcke mit Butter und anschließend mit Gelee bestreichen. Eine feuerfeste Form mit Butter fetten und abwechselnd Zwiebäcke und zerkleinertes Obst einschichten, mit Zwieback abschließen.

**2** Eier, Zucker und Milch verquirlen und über die Zwiebäcke gießen. In den Backofen schieben und 20 bis 30 Minuten backen.

40 Min., davon
30 Min. Garzeit

**Abwandlung:** Statt Zwieback fingerdicke Baguettescheiben nehmen.

## CRÊPES SUZETTE

4 Portionen

v

■ 1 Eßl. Butter ■ 100 g Mehl ■ 1 Prise Salz ■ 1 Teel. Puderzucker ■ 3 Eier ■ 1/8 l Milch. Orangensoße: ■ 1 Eßl. Butter ■ 3 Eßl. Zucker ■ abgeriebene Schale und Saft von 2 unbehandelten Orangen ■ 4 Eßl. Orangenlikör (ersatzweise Zitronensaft).

**1** Die Butter schmelzen lassen. Mehl, Salz, Puderzucker, Eier und Milch mit dem Handrührer glattrühren. Die Butter darunterschlagen. Nacheinander etwa 16 bis 18 dünne Crêpes backen (siehe auch Crêpes-Grundrezept, Seite 62).

**2** Für die Soße Butter, Zucker, Orangensaft und abgeriebene Orangenschale unter Rühren aufkochen lassen. Orangenlikör dazugeben. Die Crêpes einzeln in der heißen Soße wenden, zu Vierteln zusammenklappen und auf Dessertteller legen.

30 Minuten

**Dazu:** Vanilleeis.

**Abwandlung:** Wenn Sie die Crêpes flambieren wollen, dann müssen Sie sie noch in der Pfanne mit Puderzucker bestäuben, mit hochprozentigem Weinbrand begießen und entflammen. Oder Sie können die heißen Crêpes mit sehr klein geschnittenen Früchten füllen, z. B. mit Ananas, Mango oder mit Kaki, die in Kirschgeist mariniert wurden. Aufgerollt sofort essen.

Crêpes Suzette

**Rezepte von A bis Z**

In diesem Register sind alle Rezepte dieses Buches aufgeführt sowie alle Stichworte, zu denen sich wissenswerte Informationen finden. Vegetarische Gerichte sind mit einem ■ gekennzeichnet.

### Rezeptverzeichnis nach Zeitaufwand

Hier finden Sie die Rezepte nach der Zeit eingeteilt, die Sie für deren Zubereitung benötigen. Bei Rezepten mit einem • sollten Sie berücksichtigen, daß zusätzliche Zeit – z. B. zum Marinieren – notwendig ist. Meist ist die tatsächliche Arbeitszeit sehr gering – dafür dauert manchmal das Garen etwas länger. Genaue Angaben finden Sie bei den Rezepten. Auch hier sind die vegetarischen Gerichte mit ■ gekennzeichnet.

### Zubereitungszeit bis 20 Minuten

**Zubereitungszeit 25 bis 40 Minuten**



**Zubereitungszeit 45 Minuten oder länger**